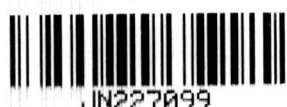

下味がおいしくする

冷凍保存で
すぐできる絶品おかず

ワタナベマキ

家の光協会

たたき長いもの塩漬け
豚肉の
辛みそ漬け
油あげのしょうゆ煮

凍らせてもおいしいものだけを「冷凍ストック」にします

私が、食材の冷凍保存をするようになったのは、実はここ2～3年のこと。
それまでは「冷凍すると、やっぱり味が落ちるよね」と、ずっと思っていました。
それが、ある仕事がきっかけで、冷凍保存についていろいろ研究・試作をしたところ
ちょっとした工夫によって、冷凍しても味が落ちにくいことがわかりました。
そしてこの「冷凍ストック」がとても便利で役立つことに気づき、
日々仕事と子育てに追われる私も、「冷凍ストック」があると
毎日の食事作りが格段にラクになり、気持ちに余裕も生まれました。

この本では、ただ冷凍するのではなく
「下味」をつけてから保存する作り方をご紹介しています。
そうすることで、素材の水っぽさを減らせたり、素材がやわらかくなったり
冷凍特有のにおいがつきにくくなったりするのです。
また、冷凍に向かないといわれている一部の野菜でも、
切り方を工夫したり、ゆでたりしておくことで、おいしく保存できます。

「冷凍ストック」を使えば短時間で献立が作れます

毎日2～3種類のおかずを考え、献立を組み立てるのは大変なことですが
「冷凍ストック」を上手に活用すると、日々のごはんが15分ほどででき上がります。
肉や魚などのストックを焼くなどして「メインのおかず」を作り、
簡単にできる副菜や汁ものを組み合わせると、あっという間に一汁二菜が完成。
副菜類も、野菜などを使った「ちょこっとストック」を応用したり
「解凍してそのまま食べられる常備菜」を添えれば、手軽に食卓もにぎわいます。

まずはひとつ作ってみて、「冷凍ストック」のおいしさを感じてみてください。
みなさんのごはん作りが楽しくなり、
献立上手になるお手伝いができるとうれしいです。

Contents

Part 2

ちょこっとおかずの冷凍ストック

「冷凍ストック」をおいしくするコツ

**本書では、冷凍してもおいしい「ストック」を紹介していますが、
おいしくするためにはいくつかのポイントがあります。
上手に冷凍し、解凍するためのコツを押さえておきましょう。**

1 食材は新鮮なものを使いましょう

どんな食べ物も鮮度が大切ですが、それは冷凍ストックも同じ。たくさん買って、食べきれなくて数日経ってしまった残りものは、すでに味も落ちており、おいしいストックにはなりにくいので注意。できれば買ったその日中に、仕込むようにしましょう。

2 食材の大きさや厚さはできるだけ均一に

切り分けて冷凍するものは、冷凍や解凍の速度が一定になるように、大きさや厚さをそろえて切るようにします。そうすることで、冷凍中に均等に下味がしみるだけでなく、解凍後の加熱も火がまんべんなく入り、料理はおいしく、美しく仕上がります。

3 素材の余計な水分はきちんと拭いてから

素材に余分な水けが残っていると、解凍したときに味が落ちるので、ペーパータオルなどを使ってしっかり拭き取りましょう。解凍したあとにも、特に肉や魚介類の冷凍ストックは水分が出るので、そちらもよく拭き取ってから、料理に活用してください。

4 冷凍に向く食材と向かない食材を見極める

水分が多く繊維がやわらかい野菜（水菜、レタス、スプラウト類など）は、冷凍すると食感が悪くなります。生卵も、解凍すると食感が変わってしまうので、冷凍には不向き。多くの青魚も、解凍時に生ぐささが出がちなので、私はあまりおすすめしていません。

5 下味の調味料はまんべんなくもみ込む

調味料に漬けて冷凍するストックは、凍っている最中に味が素材にしみ込んでいきます。そのため、素材全体に調味料がきちんといき渡るように、しっかりもみ込むのがポイント。手でもむのをおすすめしますが、汚れるのが苦手な人は、袋の上からでも。

6 薄く平らにし空気を抜いて冷凍を

冷凍ストックをジッパーつきの保存袋に入れたら、短時間で効率よく冷凍させるために、できるだけ薄く平らにしてから冷凍します。また空気を抜くことで、冷凍やけ（冷凍することで食材の水分が抜けて乾燥し、酸化や変色などが起こること）を防ぎます。

7 使いやすい量を小分けにしておくと便利

ストックは多めの分量で作りますが、各家庭で1回の調理に使う量を考え、小分けにして保存袋に入れると便利です。野菜やきのこのストックは、平らにして冷凍すれば使う量だけパキッと割れますが、ひき肉などは、保存袋の上から菜箸で筋を入れるとよいでしょう。

8 冷凍した日付を袋にメモしておく

保存袋には必ず、ストックの名前と冷凍した日付を記入しておきましょう。こうすると冷凍庫内で使いたいものをすみやかに探しやすく、保存期間内に確実に使い切れます。袋に直接書いてもいいですし、マスキングテープなどに書いて貼るのもおすすめです。

9 保存期間内にしっかり食べ切ること

食べ物は冷凍庫に入れると、少しずつ「冷凍やけ」を起こします。本書で紹介しているストックは、できるだけ劣化が少なくなるようなレシピにしていますが、料理をおいしくいただくためには、野菜と魚介類は1か月、肉類は2か月を目安に食べ切りましょう。

解凍方法について

本書では３つの解凍方法をおすすめしています。
電子レンジは手軽ですが、加熱しすぎたり、解凍にムラが出たりするので注意を。
解凍したものは再冷凍しないでください。

a 冷蔵庫に入れて自然に解凍

本書での基本的な解凍方法です。夜ごはんに使うストックは朝に、朝ごはんに使うストックは寝る前に冷蔵庫に移し、時間をかけて解凍します。保存袋のまわりの結露が溶けて水分が出やすいので、金属製のバットなどにのせて、冷蔵庫に入れておくとよいでしょう。

b 短時間でできる水道の流水で解凍

時間を短縮させたいときの解凍方法。保存袋の上から水道水をしばらくかけると、1〜2分程度で半解凍になります。まわりの水けを拭いて、さらにしばらくおくと、調理できる状態に。煮ものや蒸しものに使う場合は、ほとんどのものが半解凍でも調理できます。

c 調理をしながらそのまま解凍

凍ったまま加熱中の鍋やフライパンに入れて、調理しながら解凍する方法。スープや汁けの多い料理に使うときは、基本的にこの方法で大丈夫です。あさりとしじみは常に冷凍のまま使います。事前に解凍する必要がないので、ラクチンです。

この本のきまりごと

＊小さじ1は5mℓ、大さじ1は15mℓ、1カップは200mℓです。＊「塩」は自然塩、「こしょう」は粗びき黒こしょうを使用しました。「てんさい糖」は上白糖で代用してもOKですが、量を加減しながら加えてください。＊「かつお昆布だし」は、かつお節と昆布でとっただし汁のことです。＊調理時間はあくまで目安ですので、様子を見ながら加減してください。

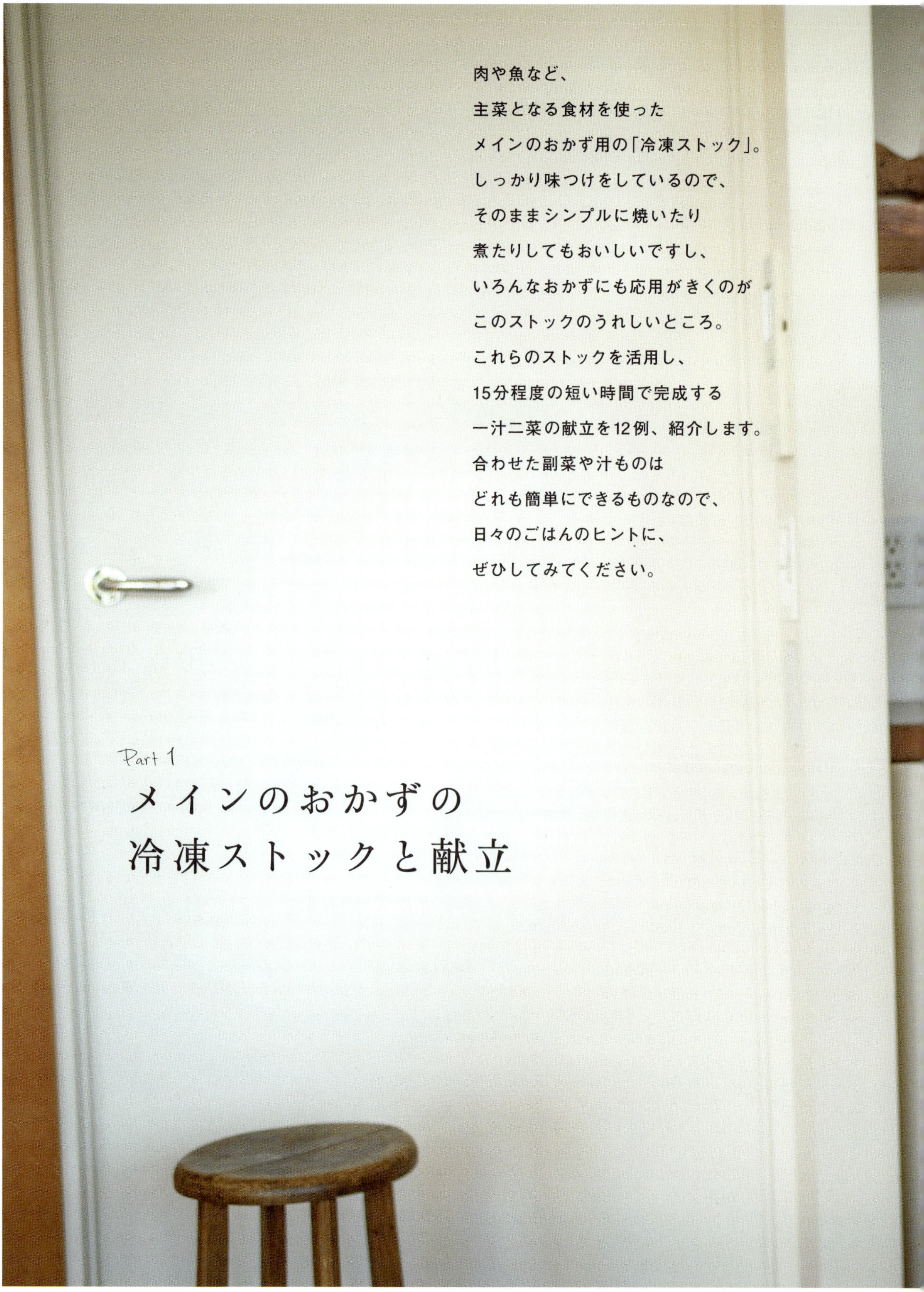

肉や魚など、
主菜となる食材を使った
メインのおかず用の「冷凍ストック」。
しっかり味つけをしているので、
そのままシンプルに焼いたり
煮たりしてもおいしいですし、
いろんなおかずにも応用がきくのが
このストックのうれしいところ。
これらのストックを活用し、
15分程度の短い時間で完成する
一汁二菜の献立を12例、紹介します。
合わせた副菜や汁ものは
どれも簡単にできるものなので、
日々のごはんのヒントに、
ぜひしてみてください。

Part 1

メインのおかずの冷凍ストックと献立

メインのおかずの冷凍ストック ❶

とり肉のビネガーマリネ

ビネガーマリネというと甘ずっぱいイメージですが
ここでの酢はお肉をやわらかくし、風味をつけるのが目的なので、
量は少なめ。酸味がおだやかで、いろいろな味つけに
対応することができます。食感がほろっとやわらかくなり、
味わいも驚くほどジューシーに。

▶調理時間　5分
▶保存期間　2か月
▶解凍方法　冷蔵庫解凍／流水解凍

材料／作りやすい分量

とりもも肉…2枚(500～600g)

A｜酢…大さじ2
｜白ワイン(酒でも可)…大さじ2
｜てんさい糖…小さじ1
｜塩…小さじ1

オリーブオイル…大さじ1

作り方

1　とり肉は1枚をそれぞれ3等分に切り(a)、ボウルに入れる。

2　Aを加えて、手でよくもみ込む(b)。

3　オリーブオイルをまわしかけ(c)、さっと混ぜる。保存袋に入れ、平らに広げて空気を抜き(d)、冷凍庫で保存する。
＊1回分の使用量を小分けにして保存袋に入れるとよい。

使い方

「軽く下味をつけたとり肉」なので、焼く・煮る・蒸すなど、さまざまな調理法と味つけで楽しめます。レシピではもも肉を使っていますが、むね肉や手羽元、手羽先でも作れます。根菜類と一緒にだし汁、しょうゆ、みりんで煮ものにしたり、ソテーしてカレー粉をふったり。そのまま蒸して、辛子じょうゆにつけて食べてもおいしいです。

a

b
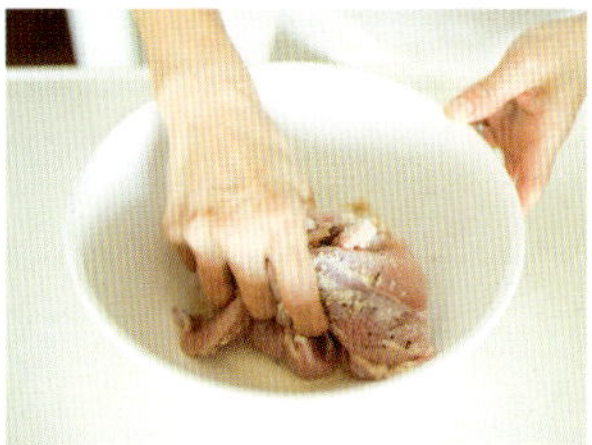

c

d

「とり肉のビネガーマリネ」を使った15分献立

- とり肉とスプラウトの
  クリーミードレッシング
- 湯豆腐
- じゃがいもとわかめのみそ汁

さっとソテーしたとり肉のビネガーマリネに
スプラウトをたっぷり混ぜただけで、あっという間に
サラダ感覚なメインディッシュのでき上がり。
材料を順に鍋に入れるだけの湯豆腐と
定番のみそ汁で、ヘルシーな一汁二菜が完成します。

主菜

とり肉とスプラウトのクリーミードレッシング

材料／2人分

とり肉のビネガーマリネ(p.12参照)
…3切れ(約250g)
スプラウト(＊)…1パック
A｜マヨネーズ…大さじ1
　｜ヨーグルト(無糖)…大さじ1
　｜塩、こしょう…各少々
オリーブオイル…小さじ1
白炒りごま…適量
＊かいわれ菜、ブロッコリースプラウトなど好みのものを。

作り方

1 フライパンにオリーブオイルを入れて中火にかけ、解凍した「とり肉のビネガーマリネ」を入れる。軽く焦げ目がついたら裏返し、ふたをして、弱火にして約5分蒸し焼きにする。
2 1をひと口大に切ってボウルに入れ、根元を切り落としたスプラウトを加えてさっと混ぜ、器に盛る。合わせたAをかけ、白ごまをふる。

副菜

湯豆腐

材料／2人分

絹ごし豆腐…1丁
しめじ…50g
A｜酒…小さじ2
　｜昆布…5cm四方を1枚
　｜水…1と1/2カップ
しょうゆ、七味唐辛子…各適量

作り方

1 鍋にAを入れ、中火にかける。煮立ったら半分に切った豆腐を入れ、弱火にして約3分煮る。
2 石づきを取ってほぐしたしめじを加え、約2分煮て火を止める。器に盛り、しょうゆをかけ、七味唐辛子をふる。

汁もの

じゃがいもとわかめのみそ汁

材料／2人分

じゃがいも(中)…2個
わかめ(塩蔵)…20g
かつお昆布だし…2カップ
みそ…大さじ1と1/2

作り方

1 じゃがいもは皮をむいて8等分に切り、水にさらす。わかめはさっと洗い、水に約5分つけてもどし、食べやすい大きさに切る。
2 鍋にだし汁と水けをきったじゃがいもを入れ、中火にかける。煮立ったら弱火にして約7分煮る。
3 わかめを加えてひと煮立ちさせ、みそを加えて溶かし、火を止める。

「とり肉のビネガーマリネ」を使った一品おかず

「ピカタ」とは、小麦粉と溶き卵をつけて
ソテーするイタリア料理のこと。
やわらかくなったとり肉に、ボリュームのある衣をつけて
おべんとうのおかずにも合う、ごちそう感のある一品に。

とり肉のピカタ

材料／2人分

とり肉のビネガーマリネ(p.12参照)
…3切れ(約250g)
薄力粉…大さじ1
A　卵…2個
　ピザ用チーズ…30g
　パセリ(みじん切り)…大さじ1
　牛乳…大さじ1
　塩、こしょう…各少々
オリーブオイル…小さじ1
ベビーリーフ…適量

作り方

1 「とり肉のビネガーマリネ」は解凍し、それぞれ半分に切る。薄力粉を薄くまぶし、合わせたAにくぐらせる。
2 フライパンにオリーブオイルを入れて中火にかけ、1を入れる。軽く焦げ目がついたら裏返し、ふたをして、弱火にして約6分焼く。
3 器に盛り、ベビーリーフを添える。

とり肉にすでに下味がついているので、
余計な味つけをしなくてもおいしく仕上がります。
玉ねぎとアスパラの代わりに
キャベツなどと合わせるのもおすすめ。

とり肉とアスパラのパスタ

材料／2人分

とり肉のビネガーマリネ(p.12参照)
…３切れ(約250g)
玉ねぎ…1/2個
アスパラガス…4本
スパゲッティ…160g
にんにく…1/2片
赤唐辛子(種を取る)…1/2本
塩、こしょう…各少々
オリーブオイル…大さじ1

作り方

1 「とり肉のビネガーマリネ」は解凍し、1.5cm角に切る。玉ねぎは薄切りにする。アスパラガスは根元のかたい部分の皮をむき、１cm幅のななめ切りにする。
2 鍋に約2ℓの湯を沸かし、塩大さじ1(分量外)を入れ、スパゲッティを袋の表示通りにゆでる。
3 フライパンにつぶしたにんにく、赤唐辛子、オリーブオイルを入れ、中火にかける。香りが立ったら「とり肉のビネガーマリネ」を加え、炒める。
4 火が通ったら玉ねぎとアスパラガスを入れ、スパゲッティのゆで汁大さじ2も加えて、ふたをして蒸し焼きにする。
5 アスパラガスに火が通ったら、ゆで上がったスパゲッティを入れてからめ、塩、こしょうで味を調える。

メインのおかずの冷凍ストック ❷

とり肉のヨーグルト漬け

ヨーグルトにはお肉をしっとりさせる効果があるので
加熱するとパサつきがちなむね肉を使ってもやわらかに。
白ワインを日本酒、オリーブオイルを菜種油などに替えると
和のおかずとも合わせやすくなります。

- ▶調理時間　5分
- ▶保存期間　2か月
- ▶解凍方法　冷蔵庫解凍／流水解凍

材料／作りやすい分量

とりむね肉…2枚(500～600g)
A | ヨーグルト(無糖)…1カップ
　| 白ワイン…大さじ2
　| 塩…小さじ1
オリーブオイル…大さじ1

作り方

1 とり肉は1枚をそれぞれ半分に切り、ボウルに入れる。
2 Aを加えて、手でよくもみ込む。
3 オリーブオイルをまわしかけ、さっと混ぜる。保存袋に入れ、平らに広げて空気を抜き、冷凍庫で保存する。
＊1回分の使用量を小分けにして保存袋に入れるとよい。

使い方

ヨーグルトのコクは、エスニック風のアレンジにもってこい。クミンやタイム、オールスパイスなどのハーブやスパイスをふりかけて、そのままフライパンでソテーしたり、漬け汁ごとカレーに入れて煮込んだり。炒めた玉ねぎや生クリームと一緒に耐熱皿に入れ、オーブンで加熱して「ヨーグルトグラタン」にするのもおすすめです。

「とり肉のヨーグルト漬け」を使った15分献立

- とり肉と根菜のポットロースト
- ほうれんそうとナッツのサラダ
- コーンスープ

レシピはp.20

主菜の「ポットロースト」は、材料を鍋で蒸し焼きにしたもの。
水分を逃さない厚手鍋を使うと、よりホクホクの味わいに。
サラダはナッツの歯ごたえがアクセントなので
くるみやピーナッツなど、家にあるナッツ類をお好みで。
スープは市販のコーン缶を使うと、時間が短縮できます。

主菜

とり肉と根菜のポットロースト

材料／2人分

とり肉のヨーグルト漬け(p.18参照)
…2切れ(約250g)
さつまいも…1/3本
ごぼう…1/3本
れんこん…4cm
にんにく…1片
A タイム…2本
　白ワイン…1/4カップ
塩…小さじ1/2
こしょう…少々
オリーブオイル…大さじ1

作り方

1 「とり肉のヨーグルト漬け」は解凍し、食べやすい大きさに切る。
2 さつまいもは1cm厚さの輪切りにし、ごぼうは7～8mm厚さのななめ切りにする。れんこんは皮をむき、1cm厚さに切る。それぞれ水にさらす。
3 鍋にオリーブオイルとつぶしたにんにくを入れて中火にかけ、香りが立ったら1と水けをきった2を入れ、軽く焦げ目がつくまで炒める。
4 Aを加えて弱火にし、ふたをして約10分蒸し焼きにする。
5 塩、こしょうで味を調える。

副菜

ほうれんそうとナッツのサラダ

材料／2人分

サラダほうれんそう…6株
アーモンド(ローストしたもの)…8粒
A レモン汁…1/2個分
　オリーブオイル…大さじ1
　塩…小さじ1/2
　こしょう…少々

作り方

1 ほうれんそうは根元を切り落とし、食べやすい長さに切る。
2 ボウルに1、粗く砕いたアーモンド、合わせたAを入れてさっくりと混ぜる。

汁もの

コーンスープ

材料／2人分

コーン缶(クリーム状)…200g
玉ねぎ…1/2個
バター…8g
牛乳…1/2カップ
塩、こしょう…各少々

作り方

1 玉ねぎはみじん切りにする。
2 鍋にバターを入れて弱火にかけ、バターが溶けたら1を加え、透き通るまで炒める。
3 コーンと水3/4カップを加えてひと煮立ちさせ、牛乳を加えて煮立たせないように2～3分煮る。塩、こしょうで味を調える。

「とり肉のヨーグルト漬け」を使った一品おかず

カレー粉入りのたれに漬けて、焼くだけの簡単メニュー。
ガラムマサラやチリパウダーなどを使っても。
少し焦げ目がつくくらい焼くと、香ばしくおいしい。

タンドリーチキン

材料／2人分

とり肉のヨーグルト漬け(p.18参照)
…2切れ(約250g)

A | にんにく(すりおろし)…1/2片分
しょうゆ…大さじ1
カレー粉…小さじ2

オリーブオイル…大さじ2
レモン…適宜

作り方

1 「とり肉のヨーグルト漬け」は解凍し、食べやすい大きさに切り、ボウルに入れる。
2 Aを加えてよく混ぜ、オリーブオイルをまわしかける。
3 魚焼きグリルまたはオーブントースターに2を入れ、焦げ目がつき、火が通るまで8～10分焼く。竹串を刺し、中が焼けていない場合は、アルミホイルをかぶせて、さらに約3分焼く。
4 器に盛り、好みでレモンをしぼりかける。

ふわふわから揚げ

材料／2人分

とり肉のヨーグルト漬け(p.18参照)
…2～3切れ(約300g)
卵…1個
薄力粉…大さじ3
片栗粉…大さじ3
揚げ油…適量
塩、パセリ(みじん切り)…各適宜

作り方

1 「とり肉のヨーグルト漬け」は解凍し、食べやすい大きさに切る。
2 ボウルに卵を割りほぐし、1を加えてからめる。薄力粉、片栗粉を順につける。
3 揚げ油を170℃に熱し、2を入れる。全体が薄くきつね色になったら温度を200℃に上げ、表面がカリッとしたら取り出す。
4 器に盛り、好みで塩、パセリをふる。

小麦粉と片栗粉を半々にすると
さっくり、かつジューシーな食感に揚がります。
お好みで、レモンをたっぷりしぼって。

メインのおかずの冷凍ストック ❸

とり肉のはちみつみそ漬け

はちみつの甘みと、みそのコクが合わさった
やや濃いめの味つけの冷凍ストック。
みそは米みそ、麦みそなどご自宅にあるお好みのものを。
ごはんはもちろん、パンとも相性がいい味わいです。

▶調理時間　5分
▶保存期間　2か月
▶解凍方法　冷蔵庫解凍／流水解凍

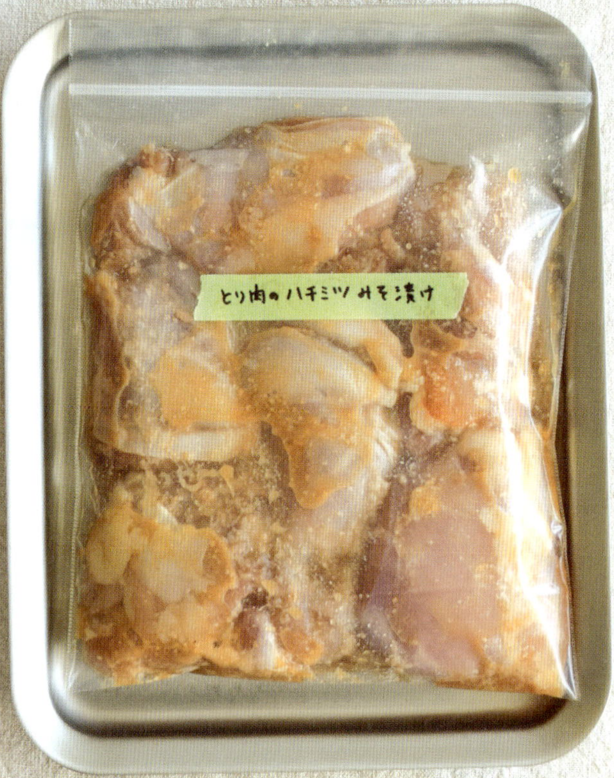

材料／作りやすい分量

とりもも肉…2枚(500～600g)

A
- みそ…大さじ3
- 酒…大さじ2
- はちみつ…大さじ1

作り方

1. とり肉は1枚をそれぞれ半分に切り、ボウルに入れる。
2. Aを加えて、手でよくもみ込む。
3. 保存袋に入れ、平らに広げて空気を抜き、冷凍庫で保存する。

＊1回分の使用量を小分けにして保存袋に入れるとよい。

使い方

そのまま焼いて、せん切りキャベツやクレソンなど葉野菜と一緒に、ピタパンやマントウ(中華風蒸しパン)、サンドイッチの具に。ごぼうやれんこんなどの根菜、白菜やキャベツなどの葉野菜と一緒に焼いたり蒸したりすると、肉にしっかりついた調味料が野菜にも移ります。お好みで、すりおろししょうがを加えても。

「とり肉のはちみつみそ漬け」を
使った15分献立

- とり肉とルッコラのさっとあえ
- にんじんのサラダ
- トマトとパセリのスープ

レシピはp.24

メインのとり肉と、副菜、スープをひと皿に盛った
カフェ風のワンプレートメニュー。
メインはたっぷりの葉野菜と合わせ、サラダ風に。
彩りも鮮やかな副菜とスープは、短時間で作れるうえ、
ナッツやパセリを効かせることで、満足の味わいに。

主菜

とり肉とルッコラのさっとあえ

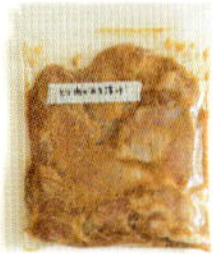

材料／2人分

とり肉のはちみつみそ漬け(p.22参照)
…2切れ(約250g)
ルッコラ…5株
A｜バルサミコ酢…大さじ1
　｜オリーブオイル…大さじ1
　｜塩、こしょう…各少々

作り方

1 「とり肉のはちみつみそ漬け」は解凍し、魚焼きグリルかオーブントースターで焦げ目がつき、中に火が通るまで約8分焼く。竹串を刺し、中が焼けていない場合は、アルミホイルをかぶせて、さらに約5分焼く。

2 1を食べやすい大きさに切ってボウルに入れ、根元を切り落とし半分に切ったルッコラ、Aを加え、さっくりとあえる。

副菜

にんじんのサラダ

材料／2人分

にんじん…1本
くるみ(ローストしたもの)…4個
塩…小さじ1
A｜レモン汁…1/2個分
　｜こしょう…少々
オリーブオイル…大さじ1

作り方

1 にんじんはせん切りにして塩をふり、軽くもんでしんなりさせる。出てきた水けをぎゅっとしぼる。

2 ボウルに1、粗く砕いたくるみ、Aを入れて混ぜ、オリーブオイルをまわしかけ、さっくりとあえる。

汁もの

トマトとパセリのスープ

材料／2人分

トマト(大)…1個
玉ねぎ…1/2個
パセリ(みじん切り)…少々
A｜コンソメスープ(*)…1と1/2カップ
　｜白ワイン…大さじ1
*市販の固形コンソメ1個を、湯1と1/2カップで溶いたもの。

作り方

1 トマトはひと口大に切る。玉ねぎは2mm厚さの薄切りにする。

2 鍋に1、Aを入れて中火にかける。アクを取りながらひと煮立ちさせ、弱火にして約5分煮る。

3 器に盛り、パセリを散らす。

「とり肉のはちみつみそ漬け」を使った一品おかず

じゃがいもの皮のほろ苦さが
甘辛いとり肉の風味とよく合います。
新じゃがの季節にぜひ作りたい一品。

とり肉とじゃがいもの照り煮

材料／2人分

とり肉のはちみつみそ漬け(p.22参照)
…2～3切れ(約300g)
じゃがいも(小)…6個(＊)
長ねぎ…1/2本
かつお昆布だし…2と1/2カップ
しょうゆ…小さじ2
糸唐辛子…適宜
＊大きいものなら3～4個。

作り方

1 「とり肉のはちみつみそ漬け」は解凍し、食べやすい大きさに切る。じゃがいもは皮ごとよく洗い、大きいものは半分に切る。長ねぎは斜め薄切りにする。
2 鍋にだし汁とじゃがいもを入れて中火にかける。煮立ったらとり肉と長ねぎを入れ、ひと煮立ちさせる。
3 しょうゆを加えて弱火にし、じゃがいもがやわらかくなるまで約8分煮る。
4 器に盛り、好みで糸唐辛子をのせる。

とり肉とゴーヤのはちみつ焼き

材料／2人分

とり肉のはちみつみそ漬け(p.22参照)
…2切れ(約250g)
ゴーヤ…1/2本
玉ねぎ…1/2個
酒…大さじ1
ごま油…小さじ2
白炒りごま…少々

作り方

1 「とり肉のはちみつみそ漬け」は解凍し、ひと口大に切る。ゴーヤは縦半分に切って種とワタを取り、5mm厚さに切る。水にさらし、水けをきる。玉ねぎは薄切りにする。
2 フライパンにごま油を入れて中火にかけ、とり肉を炒める。軽く焦げ目がついたらゴーヤと玉ねぎを加え、しんなりするまで炒め、酒を加える。
3 とり肉に火が通ったら火を止め、白ごまをふる。

おなじみゴーヤチャンプルーを
はちみつみそ味でアレンジ。
白いごはんがすすむおかずです。

メインのおかずの冷凍ストック❹

豚肉の塩こうじ漬け

人気の発酵調味料「塩こうじ」を使った冷凍ストック。
塩こうじが肉のタンパク質をアミノ酸へと分解するので、
うまみが増し、やわらかくなります。
豚肉はやや厚みのある薄切り肉（＝しょうが焼き用）を
使うと、解凍・調理もしやすいです。

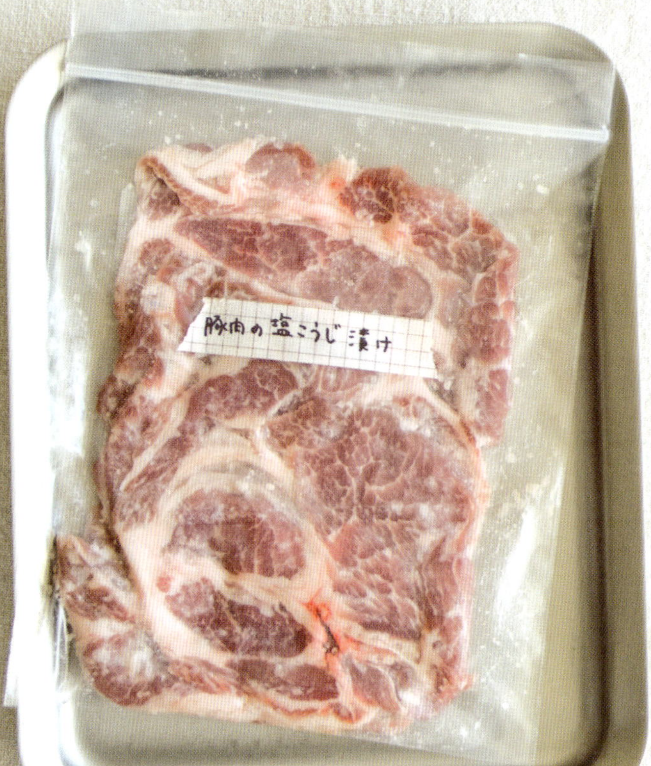

▶調理時間　5分
▶保存期間　2か月
▶解凍方法　冷蔵庫解凍／流水解凍

材料／作りやすい分量

豚肉（しょうが焼き用）…8枚
塩こうじ…大さじ3
酒…大さじ1

作り方

1 塩こうじに酒を加えてよく混ぜる（a）。
2 豚肉をバットに広げ、1をぬるようにまぶしつける（b）。
3 豚肉が重ならないようにずらしながら、保存袋に入れる（c）。平らに広げて空気を抜き（d）、冷凍庫で保存する。
＊1回分の使用量を小分けにして保存袋に入れるとよい。

使い方

塩けがやや強いので、さらに味つけをする必要はなく、塩こうじに漬けた豚肉が調味料代わりになる…とイメージするといいでしょう。たっぷりのきのこ類や細切りにした白菜と一緒に炒めたり、シンプルに焼いた上に、みょうがや青じそなどの薬味をのせたり。使いやすい大きさに切ったとりむね肉やもも肉を漬けても、おいしいです。

a

b

c

d

「豚肉の塩こうじ漬け」を使った15分献立

- 豚肉とひじきの塩こうじ炒め
- レタスともずくの酢のもの
- ごぼうとみょうがのみそ汁

不足しがちな海藻類を、しっかり取りたい日のメニュー。
炒めると甘みが増す長ねぎと、塩けのある豚肉で
ひじきをたっぷりいただけます。
のどごしのいいもずくは、レタスと合わせさっぱりと。
みそ汁には、薬味のみょうがを効かせて。

主菜

豚肉とひじきの塩こうじ炒め

材料／2人分

豚肉の塩こうじ漬け（p.26参照）…4枚
長ねぎ…1/2本
ひじき（乾燥）…8g
しょうが…1/2片
酒…大さじ1
塩…少々
ごま油…少々

作り方

1 「豚肉の塩こうじ漬け」は解凍し、1cm幅に切る。長ねぎはななめ薄切り、しょうがはせん切りにする。ひじきはたっぷりの水につけてやわらかくもどし、水けをきる。
2 フライパンにごま油を入れて中火にかけ、しょうがを入れる。香りが立ったら豚肉を加えてさっと炒め、長ねぎ、ひじき、酒を加える。
3 全体に火が通ったら、塩で味を調える。

副菜

レタスともずくの酢のもの

材料／2人分

レタス…4枚
もずく…80g
ポン酢…小さじ2
レモン（薄切り）…適宜

作り方

1 レタスはざく切りにする。もずくは流水で洗い、水けをきる。
2 器に1を入れ、ポン酢をまわしかけ、好みでレモンをのせる。

汁もの

ごぼうとみょうがのみそ汁

材料／2人分

ごぼう…1/3本
みょうが…1個
かつお昆布だし…2カップ
みそ…大さじ1と1/2

作り方

1 ごぼうは2mm厚さのななめ切りにして、水にさらす。
2 鍋に水けをきった1、だし汁を入れて中火にかける。アクを取りながら約6分煮る。
3 弱火にして、みそを溶き入れる。器に盛り、縦半分に切って薄切りにしたみょうがをのせる。

豚肉と野菜のせいろ蒸し

材料／2人分

豚肉の塩こうじ漬け（p.26参照）…4枚
白菜…5～6枚
れんこん…4cm
にんじん…1/4本
酒…小さじ1

作り方

1 白菜は2cm幅に切る。れんこんは皮をむいて1cm厚さ、にんじんは7～8mm厚さの輪切りにする。にんじんは好みの型で抜いてもよい。

2 蒸気の立ったせいろに1、解凍した「豚肉の塩こうじ漬け」を入れて酒をまわしかけ、ふたをして約8分蒸す。

せいろに入れて、火にかけるだけの時短メニュー。
つけ合わせの野菜は、その時季のものをお好みで。
豚肉にしっかり味がついているので
そのうまみで、蒸し野菜たちを一緒にいただきます。

豚肉と長いものとろろあんかけ

材料／2人分

豚肉の塩こうじ漬け(p.26参照)…4枚
長いも…200g
卵…1個
しょうゆ…小さじ1/2
ごま油…少々
みつ葉…1/2束

作り方

1 長いもはすり鉢で粗くすり、卵、しょうゆを加え、よく混ぜる。
2 フライパンにごま油を入れて中火にかけ、解凍した「豚肉の塩こうじ漬け」を両面こんがりと焼く。
3 2を器に盛り、1をかけ、刻んだみつ葉を散らす。

「塩こうじ＋とろろ」は、味の相性がいいだけでなく
どちらも消化を助ける役割があります。
風味のいいごま油で炒め、
薬味のみつ葉をかけて召し上がれ。

メインのおかずの冷凍ストック❺

豚肉のしょうがじょうゆ漬け

いわゆる「豚肉のしょうが焼き」の、
下味をつけた状態のストックと考えてください。
酒・みりん・しょうゆが、それぞれ同量なので
レシピも覚えやすく、気軽に作り続けられます。

▶調理時間　7分
▶保存期間　2か月
▶解凍方法　冷蔵庫解凍／流水解凍

材料／作りやすい分量

豚もも薄切り肉…500g
A　しょうが(すりおろし)…2片分
　　酒…大さじ1
　　みりん…大さじ1
　　しょうゆ…大さじ1

作り方

1　豚肉をボウルに入れ、Aを加えて、手でよくもみ込む。
2　保存袋に入れ、平らに広げて空気を抜き、冷凍庫で保存する。
＊1回分の使用量を小分けにして保存袋に入れるとよい。

使い方

季節の野菜と一緒にアルミホイルで包んでホイル焼きにしたり、きのこ類やピーマン、なすなどと一緒に炒めたり。ゆでごぼうやさやいんげんをくるくると巻いてフライパンで焼き、お弁当のおかずにするのもおすすめ。豚肉の代わりに、使いやすい大きさに切ったとりむね肉やもも肉を漬けても、おいしいです。

「豚肉のしょうがじょうゆ漬け」を使った15分献立

・野菜たっぷりごま豚丼
・きのこと油揚げのグリル
・あおさとねぎのみそ汁

レシピはp.34

豚肉と野菜をひとつのフライパンで焼くことで
時間を短縮し、洗いものを減らすことができます。
副菜は切って、グリルで焼くだけ。
海藻のあおさは水ですぐもどるので、時間がない日の
おみそ汁の具には、ありがたい素材です。

主菜

野菜たっぷりごま豚丼

材料／2人分

豚肉のしょうがじょうゆ漬け(p.32参照)
…200g
にんじん…1/2本
さやいんげん…5本
塩…少々
ごま油…小さじ1
温かいごはん…茶碗2杯分強
白炒りごま…小さじ2

作り方

1 にんじんはせん切りに、いんげんはななめ薄切りにする。
2 フライパンにごま油を入れて中火にかけ、解凍した「豚肉のしょうがじょうゆ漬け」を入れて炒める。少し火が通ったら豚肉を端に寄せ、1をそれぞれ空いたところに入れ、混ざり合わないように軽く炒める。
3 全体がしんなりしたら弱火にして、ふたをして約5分蒸し焼きにする。
4 野菜に塩をふって味を調え、器に盛ったごはんの上に豚肉と野菜を別々にのせ、白ごまをふる。

副菜

きのこと油揚げのグリル

材料／2人分

きのこ(しめじ、まいたけなど)
…合わせて100g
油揚げ…1枚
すだち…1/2個
ポン酢…小さじ2

作り方

1 油揚げは食べやすい大きさに切り、きのこは石づきを取り、ほぐす。
2 魚焼きグリルに1を入れ、7〜8分焼く。途中油揚げは裏返し、両面に薄く焦げ目がつくまで焼く。
3 器に盛り、輪切りにしたすだちをのせ、ポン酢をかける。

汁もの

あおさとねぎのみそ汁

材料／2人分

あおさ…3g
長ねぎ…4cm
かつお昆布だし…2カップ
みそ…大さじ1と1/2

作り方

1 あおさは水にひたしてもどす。
2 鍋にだし汁を入れて中火にかけ、ひと煮立ちさせる。弱火にして、みそを溶き入れる。
3 水けをしぼった1を加えてさっと煮て、火を止める。器に盛り、みじん切りにした長ねぎを散らす。

しょうが焼き玉ねぎソース

材料／2人分

豚肉のしょうがじょうゆ漬け（p.32参照）…300g
玉ねぎ…1/2個
細ねぎ…2本
酒…大さじ1
ごま油…小さじ2

作り方

1 玉ねぎは薄切りにする。細ねぎはななめ切りにする。
2 フライパンにごま油小さじ1を入れて中火にかけ、玉ねぎを入れてあめ色になるまで炒める。
3 2を一度バットなどに取り出し、フライパンに残りのごま油を入れ、解凍した「豚肉のしょうがじょうゆ漬け」を炒める。
4 両面に軽く焦げ目がつくまで焼いたら酒を加え、2を戻し入れ、炒め合わせる。
5 器に盛り、細ねぎを散らす。

炒めて甘みを増した玉ねぎを
たっぷり合わせました。
玉ねぎの代わりに、長ねぎでもおいしい。

薄切り肉を使っているので
短時間でさっと火が入ります。
お弁当のおかずにもぴったりな一品。

かりかり豚揚げ

材料／2人分

豚肉のしょうがじょうゆ漬け（p.32参照）…300g
片栗粉…大さじ4
揚げ油…適量
グリーンリーフ、粒マスタード…各適宜

作り方

1 「豚肉のしょうがじょうゆ漬け」は解凍して半分に切り、片栗粉をまぶす。
2 揚げ油を170℃に熱し、1を軽く丸めるようにして入れ、きつね色になるまで揚げる。
3 器に盛り、好みでグリーンリーフとマスタードを添える。

メインのおかずの冷凍ストック❻

豚肉の辛みそ漬け

韓国料理でおなじみのコチュジャンを入れた
ピリ辛風味の豚肉ストック。
辛みだけでなく甘みやうまみも強いので
料理にしっかりとした奥行きを与えてくれます。

▶調理時間　5分
▶保存期間　2か月
▶解凍方法　冷蔵庫解凍／流水解凍

材料／作りやすい分量

豚こま切れ肉…500g

A | みそ…大さじ1と1/2
　| 酒…大さじ1
　| コチュジャン…小さじ2

作り方

1　Aを合わせてよく混ぜる。

2　ボウルに豚肉を広げて入れ、1を加えてよくもみ込み、保存袋に入れる。平らに広げて空気を抜き、冷凍庫で保存する。
＊菜箸などで筋を入れると、使う分だけ取り出せる。

使い方

細かく切って卵焼きに入れたり、チャーハンや焼きそばの具にしたり。長ねぎやきのこ類と炒めて丼ものに。焼き豆腐と一緒にさっと煮るのもおすすめです。使いやすい大きさに切ったとり肉や、豚ひき肉を漬けても。

「豚肉の辛みそ漬け」を使った15分献立

- 豚肉とせん切り野菜のみそ炒め
- 切り干し大根ときゅうりの中華サラダ
- かき玉汁

レシピはp.38

細切り野菜のシャキシャキした食感と
ピリ辛の豚肉がよく合います。
主菜をスパイシーにしたときは
副菜はさっぱり味、汁ものはやさしい風味にすると
献立の味のバランスがとりやすいと思います。

主菜

豚肉とせん切り野菜のみそ炒め

材料／2人分

豚肉の辛みそ漬け(p.36参照)…250g
玉ねぎ…1個
にんじん…1/2本
ズッキーニ…1/2本
酒…大さじ1
ごま油…小さじ1

作り方

1 玉ねぎは薄切りに、にんじん、ズッキーニはせん切りにする。「豚肉の辛みそ漬け」は解凍し、ひと口大に切る。
2 フライパンにごま油を入れて中火にかけ、1の野菜を入れて炒める。
3 しんなりしたらフライパンの端に寄せ、豚肉を空いたところに入れて炒める。
4 軽く焦げ目がついたら野菜と豚肉を炒め合わせ、弱火にして酒を加え、ふたをして約5分蒸し焼きにする。

副菜

切り干し大根ときゅうりの中華サラダ

材料／2人分

切り干し大根…20g
きゅうり…1本
A 酢…小さじ2
　しょうゆ…小さじ1
　てんさい糖…小さじ1/2
ごま油…少々

作り方

1 切り干し大根はたっぷりの水に約8分つけてもどす。水けをしぼり、食べやすい長さに切る。きゅうりは縦半分に切り、ななめ薄切りにする。
2 ボウルに1と合わせたA、ごま油を入れて、あえる。

汁もの

かき玉汁

材料／2人分

卵…1個
細ねぎ…2本
かつお昆布だし…2カップ
みそ…大さじ1と1/2

作り方

1 鍋にだし汁を入れて中火にかける。煮立ったら弱火にし、みそを溶き入れる。
2 割りほぐした卵を少しずつ加え、火を通す。
3 器に盛り、ななめ切りにした細ねぎをのせる。

「豚肉の辛みそ漬け」を使った一品おかず

韓国の焼き肉のように、葉野菜で包んで
ヘルシーにいただきます。
お好みで、香味野菜を加えても。

豚肉のグリルサラダ巻き

材料／2人分

豚肉の辛みそ漬け(p.36参照)…250g
長ねぎ…7cm
スプラウト(*)…1/2パック
サンチュまたはサニーレタス…6枚
ごま油…小さじ1
白炒りごま…大さじ1
*かいわれ菜、ブロッコリースプラウトなど
好みのものを。

作り方

1 長ねぎは白髪ねぎにして水に約5分さらし、水けをよくきる。スプラウトは根元を切る。
2 フライパンにごま油を入れて中火にかけ、解凍した「豚肉の辛みそ漬け」を軽く焦げ目がつくまで炒める。
3 サンチュを広げ、2と1をのせ、白ごまをふる。

豚肉ときのこのホイル焼き

材料／2人分

豚肉の辛みそ漬け(p.36参照)…250g
ズッキーニ…1/2本
赤ピーマン…1個
まいたけ…50g
エリンギ…50g
酒…小さじ1

作り方

1 ズッキーニは7〜8mm厚さの輪切りにする。赤ピーマンは縦に7〜8mm幅に切る。まいたけ、エリンギは食べやすい大きさに手でさく。
2 アルミホイルを2枚用意し、解凍して2等分した「豚肉の辛みそ漬け」、1をそれぞれのせ、酒をふって閉じる。
3 フライパンに2をのせ、ふたをして弱めの中火で約10分蒸し焼きにする。

切ってホイルで包んで焼くだけの
テクニックいらずの簡単おかず。
野菜やきのこは、その時季、手に入るものを。

メインのおかずの冷凍ストック 7

みそ豚ひき肉シート

いろいろな料理に応用できる、シート状の冷凍ひき肉。
使いたい分だけポキッと折って、
残りは再び冷凍して取っておきます。
ひき肉を少量だけ使いたいときなど、とても便利。
豚ひき肉以外に、とりひき肉や合いびき肉でも大丈夫です。

▶調理時間　7分
▶保存期間　2か月
▶解凍方法　冷蔵庫解凍／流水解凍／調理解凍

材料／作りやすい分量

豚ひき肉…500g

A | みそ…大さじ2
　| みりん…大さじ1
　| 酒…大さじ1

作り方

1　ボウルに豚ひき肉を入れてAを加え(a)、全体がなじむまで手でよく混ぜる(b)。

2　保存袋に入れ、平らに広げて空気を抜き(c)、冷凍庫で保存する。
＊菜箸などで筋を入れる(d)と、使う分だけ取り出せる。

使い方

炒めるとそぼろになるので、お弁当のごはんにのせたり、ゆでた青菜とあえたり。ロールキャベツやロール白菜、ギョウザやシュウマイの具にしてもいいでしょう。みじん切りにした玉ねぎと混ぜて丸めて、ハンバーグにしても。みそをしょうゆに替えたり、すりおろしたしょうがを加えたり、お好みで味つけにも変化をつけてみてください。

a

b

c

d

「みそ豚ひき肉シート」を使った15分献立

- みそひき肉とグリンピースの卵焼き
- 蒸し里いも
- しじみのみそ汁

具だくさんにすれば、卵焼きも立派な主菜に。
軽く焦げ目をつけて、香ばしく焼き上げます。
里いもは、皮ごと蒸したほうが、おいしさが逃げません。
みそ汁は「しじみのストック」(p.82参照)を
活用してもいいと思います。

主菜

みそひき肉と グリンピースの卵焼き

材料／2人分

みそ豚ひき肉シート(p.40参照)…250g
卵…4個
長ねぎ…7cm
グリンピース(正味)…80g
サラダ油…大さじ1

作り方

1 ボウルに卵を割りほぐし、解凍した「みそ豚ひき肉シート」、みじん切りにした長ねぎ、グリンピースを加えて、よく混ぜる。
2 卵焼き器にサラダ油を入れて中火にかけ、1を流し入れる。菜箸でかき混ぜながら4割ほど火を通す。
3 弱火にして約5分焼き、皿などをかぶせて裏返して、再度卵焼き器に戻し、さらに約3分焼く。
4 3を取り出し、食べやすい大きさに切る。

副菜

蒸し里いも

材料／2人分

里いも…4個
A 酒…小さじ1
　塩…少々
ゆずこしょう…適量

作り方

1 里いもはたわしなどを使ってよく洗い、上部を7〜8mm切り落とし、2cm厚さに切る。
2 蒸気の立った蒸し器に入れ、Aをふり、ふたをして約7分蒸す(または耐熱皿に並べてラップをかけ、電子レンジで4〜5分加熱する)。
3 器に盛り、ゆずこしょうをのせる。

汁もの

しじみのみそ汁

材料／2人分

しじみ(砂抜きしたもの)(*)…200g
細ねぎ…2本
かつお昆布だし…2カップ
みそ…大さじ1と1/2
*「しじみのストック」(p.82参照)を
冷凍のまま使用してもよい。

作り方

1 鍋によく水洗いしたしじみとだし汁を入れ、中火にかける。
2 アクを取りながらひと煮立ちさせ、弱火にして約3分煮る。みそを溶き入れて火を止める。器に盛り、小口切りにした細ねぎを散らす。

「みそ豚ひき肉シート」を使った一品おかず

「ひき肉シート」は半解凍の状態のほうが
巻きやすくなるので、解凍時間に注意してください。
手に軽く水をつけておくと、ひき肉がくっつきません。
にんじんとさやいんげんの歯ごたえが心地よく
彩りもきれいなおかずで、お弁当にもおすすめです。

いんげんとにんじんのひき肉巻き

材料／2人分

みそ豚ひき肉シート(p.40参照)(＊)
…250g
にんじん…1/2本
さやいんげん…6本
ごま油…小さじ2
みつ葉…1束
すだち…1個

＊「みそ豚ひき肉シート」は、
半解凍で使用する。

作り方

1 にんじんはせん切りにし、いんげんは半分に切る。
2 「みそ豚ひき肉シート」は半解凍の状態で6等分し、ひとつを手のひらに広げて少しのばし、1のにんじんの1/6量といんげんを2本ずつのせて、手で包み合わせ棒状に成形する。計6本作る。
3 フライパンにごま油を入れて中火にかけ、2を入れる。転がしながら表面に軽く焦げ目がつくまで焼く。弱火にして、ふたをして約5分蒸し焼きにする。
4 器に盛り、ざく切りにしたみつ葉とくし形切りにしたすだちを添える。

ひき肉はかたまりをほどよく残して炒めると
食感もよくなり、食べやすくなります。
みそのうまみとコクを春雨が吸って
しっかり食べごたえのある味わいに。
ひき肉は、半解凍の状態でも作ることができます。

ひき肉と春雨の甘辛煮

材料／2人分

みそ豚ひき肉シート(p.40参照)
　…250g
春雨(乾燥)…30g
長ねぎ…1/2本
赤ピーマン…1個
しいたけ…1枚
スナップえんどう…4本
とりガラスープ(*)…1と1/2カップ
しょうゆ…小さじ1
ごま油…小さじ2
*市販のとりガラスープの素小さじ1を
　湯1と1/2カップで溶いたものでもよい。

作り方

1 春雨はぬるま湯に約10分つけてもどし、水けをきる。長ねぎはななめ薄切りにし、赤ピーマン、スナップえんどうはせん切りに、しいたけは薄切りにする。

2 鍋にごま油を入れて中火にかけ、半解凍〜解凍した「みそ豚ひき肉シート」を入れて炒める。さっと火を通したら、長ねぎ、赤ピーマン、しいたけを加えて炒め、油がまわったら春雨、とりガラスープも加え、ひと煮立ちさせる。

3 スナップえんどう、しょうゆを加え、汁けがなくなるまで約5分煮る。

メインのおかずの冷凍ストック❽

とりつくね団子

生のままの団子を冷凍すると、解凍したときに
くずれやすくなるので、さっと湯通しをしておきます。
仕込みにやや時間がかかりますが、火を通しておくと
食べる際の調理時間が短縮できるのもポイント。
卵が入っているので、ふわっとやさしい食感です。

▶**調理時間**　**20分**(冷ます時間をのぞく)
▶**保存期間**　**2か月**
▶**解凍方法**　**冷蔵庫解凍／流水解凍／調理解凍**

材料／作りやすい分量

とりひき肉…400g
長ねぎ(みじん切り)…1/2本分
しょうが(すりおろし)…2片分
A　卵…1個
　片栗粉…大さじ1
　酒…小さじ2
　塩…小さじ1

作り方

1　ボウルにひき肉を入れ、長ねぎ、しょうが、Aを加え、粘りが出るまで手でよく混ぜる(a)。
2　手を水でぬらし、1を約20個、直径2.5cmほどの団子状に丸めながら(b)(c)、沸騰した湯に入れる(d)。
3　約5分ゆでて、ざるに上げ、水けをきる(e)。
4　粗熱が取れたら保存袋に入れ、平らに広げて空気を抜き、冷凍庫で保存する。

使い方

軽く揚げて、甘酢あんとからめて中華風に。たっぷりの葉野菜と一緒に、鍋料理の具に。きくらげやしいたけなどと一緒に中華風の炒めものにしたり、たっぷりのしょうがとともにとりガラスープに入れても。大根と合わせた煮ものもおすすめです。揚げもの、煮もの、スープなどに使うときは凍ったまま調理しても大丈夫です。

a

b

c

d

e

「とりつくね団子」を使った15分献立

- ・焼きとりつくね
- ・セロリと玉ねぎのスライスサラダ
- ・かぼちゃと青じそのみそ汁

とり肉はあらかじめ火を通してあるので
焦げ目をつけて香ばしくするだけで大丈夫。
メインがシンプルなグリルなので
みずみずしい副菜や、ホクホクのかぼちゃのみそ汁で
口を潤しながら、食べすすめます。

主菜

焼きとりつくね

材料／2人分

とりつくね団子(p.46参照)(＊)…8〜10個
エリンギ…2本
長ねぎ…1/2本
A｜みりん…小さじ1
　｜しょうゆ…小さじ1
粉山椒…適量
スプラウト(＊＊)…適宜

＊「とりつくね団子」は、半解凍で使用する。
＊＊かいわれ菜、ブロッコリースプラウトなど、好みのものを。

作り方

1 エリンギは食べやすい長さに切り、縦に2〜3等分にさく。長ねぎは3cm長さに切る。
2 竹串に半解凍した「とりつくね団子」、1を刺し、魚焼きグリルで約8分焼く。
3 途中で合わせたAをぬり、焦げ目がつくまで焼く。器に盛り、根元を切り落としたスプラウトを添え、粉山椒をふる。

副菜

セロリと玉ねぎのスライスサラダ

材料／2人分

セロリ…1/2本
セロリの葉…3〜4枚
玉ねぎ…1/2個
塩…小さじ1/2
A｜酢…小さじ2
　｜ごま油…小さじ1

作り方

1 セロリは筋を取り、ななめ薄切りにする。玉ねぎは薄切りにする。
2 1を合わせて塩をふって軽くもみ、約5分おく。出てきた水けをぎゅっとしぼる。
3 せん切りにしたセロリの葉、Aを加えてあえる。

汁もの

かぼちゃと青じそのみそ汁

材料／2人分

かぼちゃ…150g
青じそ…4枚
かつお昆布だし…2カップ
みそ…大さじ1と1/2

作り方

1 かぼちゃは2cm角に切る。
2 鍋に1、だし汁を入れ、中火にかける。アクを取りながらひと煮立ちさせ、弱火にしてかぼちゃがやわらかくなるまで約5分煮る。
3 みそを溶き入れて火を止める。器に盛り、せん切りにした青じそをのせる。

つくねを揚げるひと手間が
味わいにコクと奥行きを与えます。
黒酢は炒めると、酸味はこっくりまろやかに。
お好みでパプリカや薄切りにんじんなどを加えると
彩りも美しくなります。

揚げとりつくねの黒酢炒め

材料／2人分

とりつくね団子(p.46参照)(＊)
…8〜10個
玉ねぎ…1/2個
たけのこ(水煮)…1/2本(約150g)
さやいんげん…4本
しょうが…1片
A | 黒酢…大さじ1
 | みりん…大さじ1
 | しょうゆ…小さじ1と1/2
揚げ油…適量
ごま油…小さじ1
＊「とりつくね団子」は、冷凍のまま使用する。

作り方

1 「とりつくね団子」は、冷凍のまま170℃に熱した揚げ油で、きつね色になるまで揚げる。
2 玉ねぎは6等分に切り、たけのこは縦に薄切り、いんげんはななめ切りにする。しょうがはせん切りにする。
3 フライパンにごま油を入れて中火にかけ、しょうがを入れる。香りが立ったら、残りの2を加えて炒める。
4 全体がしんなりして火が通ったら1、Aを加えて、汁けがなくなるまで炒める。

「だまこ汁」は秋田県の郷土料理で、「だまこ」は「お手玉」という意味。
きりたんぽの団子版といったものです。
体を温めてくれる素材の長ねぎとごぼうを入れて
アツアツにして召し上がれ。

とりつくねとごぼうのだまこ汁

材料／2人分

とりつくね団子(p.46参照)(＊)
…8〜10個
温かいごはん…茶碗2杯半
ごぼう…1/2本
長ねぎ…1/2本
かつお昆布だし…3カップ
塩…少々
酒…大さじ1
しょうゆ…小さじ2
七味唐辛子…適宜
＊「とりつくね団子」は、冷凍のまま使用する。

作り方

1 すり鉢にごはんと塩を入れ、すりこ木でつぶしながらする。6割程度つぶれたら、6〜8等分にし、丸めて団子状にする。
2 ごぼうは長めのささがきにし、水にさらす。長ねぎはななめ薄切りにする。
3 鍋にだし汁を入れ、中火にかける。煮立ったら、冷凍のままの「とりつくね団子」、1、水けをきったごぼう、酒を加え、アクを取りながらひと煮立ちさせる。
4 弱火にして長ねぎ、しょうゆを加え、約5分煮る。好みで七味唐辛子をふる。

メインのおかずの冷凍ストック❾

牛肉のケチャップマリネ

ウスターソースとケチャップで洋食風にアレンジした
どこかなつかしい味わいの、牛肉ストック。
ベースに赤ワインを効かせているので
しっかり奥行きのある味わいに仕上がります。

▶調理時間　5分
▶保存期間　2か月
▶解凍方法　冷蔵庫解凍／流水解凍

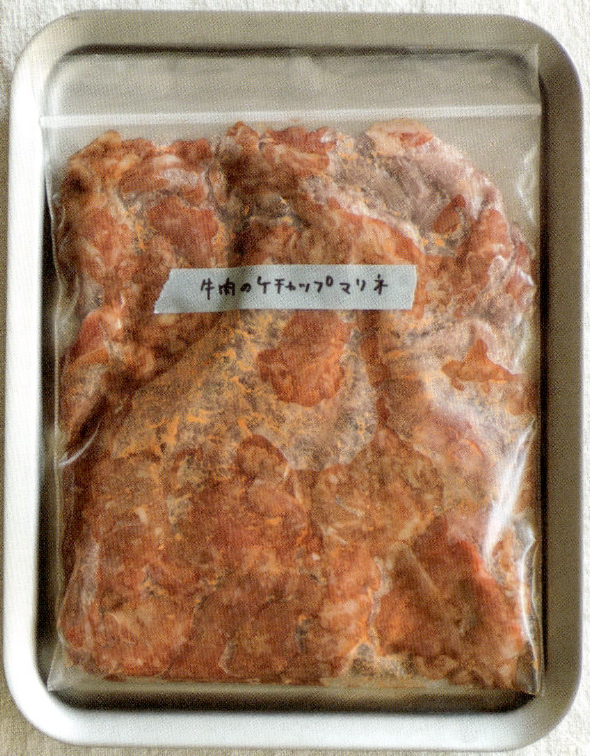

材料／作りやすい分量

牛こま切れ肉…500g

A
- トマトケチャップ…大さじ2
- ウスターソース…大さじ2
- 赤ワイン…大さじ1
- 塩…小さじ1
- こしょう…少々

作り方

1 ボウルに牛肉を入れてAを加え、全体がなじむまで手でよく混ぜる。

2 保存袋に入れ、平らに広げて空気を抜き、冷凍庫で保存する。

＊1回分の使用量を小分けにして保存袋に入れるとよい。

使い方

薄切りにした玉ねぎと一緒に焼き、ほんの少ししょうゆをたらして白いごはんにのせれば、洋風牛丼に。耐熱皿に輪切りにしたズッキーニや薄切りにしたにんじん、きのこ類と一緒にのせてオーブンで焼いたり、シンプルに焼いたものを、グリーンリーフやサンチュで巻いて食べてもおいしいです。

「牛肉のケチャップマリネ」を使った15分献立

- 牛肉ときのこのストロガノフ
- ひよこ豆とカリフラワーのサラダ
- レタスのスープ

レシピはp.54

一般的に「ビーフストロガノフ」と言えば
調理時間がかかる料理というイメージですが
このストックを使うと、ほんの十数分ででき上がります。
ひよこ豆は水煮を活用すると、サラダもラクチン。
スープには、火の通りが早いレタスを使います。

主菜

牛肉ときのこのストロガノフ

材料／2人分

牛肉のケチャップマリネ(p.52参照)
…250g
玉ねぎ…1/2個
マッシュルーム…6個
トマト(大)…1個
A | 赤ワイン…1/2カップ
　| しょうゆ…小さじ1
　| ローリエ…1枚
バター…15g(約大さじ1)
塩、こしょう…各少々
温かいごはん…茶碗2杯分
パセリ…少々
サワークリーム…適宜

作り方

1 玉ねぎとマッシュルームは薄切りにする。トマトはざく切りにする。
2 鍋にバターを入れて中火にかけ、バターが溶けたら、玉ねぎとマッシュルームを入れて炒める。玉ねぎが透き通ったら、解凍した「牛肉のケチャップマリネ」を加えてさっと炒め、トマト、Aを加えて、アクを取りながらひと煮立ちさせる。弱火にして約8分煮て、塩、こしょうで味を調える。
3 器にごはんと2を盛る。みじん切りにしたパセリをふり、好みでサワークリームを添える。

副菜

ひよこ豆とカリフラワーのサラダ

材料／2人分

ひよこ豆(水煮)…80g
カリフラワー…1/4個
A | 粒マスタード…大さじ1
　| 白ワインビネガー(酢でも可)…小さじ2
　| 塩…小さじ1/2
　| こしょう…少々
オリーブオイル…小さじ2

作り方

1 カリフラワーは小房に分け、塩少々(分量外)を加えた湯で約3分ゆでて、ざるに上げる。
2 ひよこ豆、食べやすく刻んだ1、Aを合わせてざっと混ぜ、オリーブオイルを加えてあえる。

汁もの

レタスのスープ

材料／2人分

レタス…1/4個
長ねぎ…5cm
コンソメスープ(*)…2カップ
塩、こしょう…各少々
*市販の固形コンソメ1個を、
湯2カップで溶いたもの。

作り方

1 レタスはざく切りに、長ねぎは白髪ねぎにする。
2 鍋にスープを入れて中火にかける。煮立ったらレタスを加えてひと煮立ちさせ、塩、こしょうで味を調える。器に盛り、長ねぎをのせる。

「牛肉のケチャップマリネ」を使った一品おかず

牛肉をくるんと巻いて焼くだけ。
ボリュームも出て、食べやすくなります。
マッシュポテトを添え、栄養価もアップ。

牛肉のグリルステーキ

材料／2人分

牛肉のケチャップマリネ（p.52参照）…250g
じゃがいも…2個
クレソン…1束
バター…20g（大さじ1強）
牛乳…80mℓ
塩、こしょう…各少々
オリーブオイル…小さじ1

作り方

1 「牛肉のケチャップマリネ」は解凍し、広げて2枚重ね、手前から巻いて筒状にする。
2 グリルパンかフライパンにオリーブオイルを入れて中火にかけ、1を入れる。転がしながら、全体に焦げ目がつき、火が通るまで焼く。
3 じゃがいもは皮をむいて6等分にし、塩少々（分量外）を加えた湯でやわらかくなるまでゆで、湯を捨てる。中火にかけ、水分をとばす。
4 弱火にして、木べらなどでじゃがいもをつぶしながらバターと牛乳を加え、なめらかになるまで混ぜる。
5 器に2と4を盛り、クレソンを添え、塩、こしょうをふる。

牛肉となすのトマト炒め

材料／2人分

牛肉のケチャップマリネ（p.52参照）…250g
トマト（大）…1個
なす…2本
長ねぎ…1/3本
酒…大さじ1
塩…少々
ごま油…小さじ1

作り方

1 トマトは6等分のくし形に切る。なすは縦半分に切り、5mm厚さのななめ切りにする。長ねぎはななめ薄切りにする。
2 フライパンにごま油を入れて中火にかけ、解凍した「牛肉のケチャップマリネ」を炒める。
3 火が通ったら1、酒を加えて手早く炒め、塩で味を調える。

牛肉と相性のいいトマトとなすを
一緒に炒め合わせます。
お好みで香菜やパセリをふってもおいしい。

メインのおかずの冷凍ストック ⑩

えびのオイル漬け

えびはむき身にすると冷凍時にくっついてしまうので
殻ごと保存するのがポイントです。
下処理し、オイルコーティングして冷凍すると
くさみが出ず、パサパサになりにくいです。

▶調理時間　15分
▶保存期間　2か月
▶解凍方法　流水解凍／調理解凍

材料／作りやすい分量

えび（ブラックタイガー、バナメイえびなど）…20尾
片栗粉…大さじ2
A
- 酒…大さじ1
- オリーブオイル…大さじ1
- 塩…小さじ1

作り方

1 えびは背わたを取り、片栗粉をまぶしてもみ、流水で洗う。
2 ペーパータオルで水けをしっかりふき、ボウルに入れ、Aを加えてもみ込む。
3 保存袋に入れ、平らに広げて空気を抜き、冷凍庫で保存する。

使い方

完全に解凍してしまうと、水分が出て水っぽくなるので、流水で半解凍にして調理するようにします。タイムやバジルといったハーブと一緒に蒸したり、さっとゆでてタルタルソースをかけたり。シーフードカレーに入れたり、ゆでたショートパスタと一緒にパスタサラダにしても。ブロッコリーなどと一緒に炒めてもおいしいです。

「えびのオイル漬け」を使った15分献立

- えびチリソース
- かぶのマリネサラダ
- 湯葉とみつ葉のスープ

レシピはp.58

えびの下処理がされているので、そのまま使え、
人気のえびチリも、短時間で本格的な味わいに。
さっぱりしたかぶのマリネは箸休めに。
つるんとしたのどごしがうれしい湯葉は
やさしい味わいの和風スープに仕立てました。

主菜

えびチリソース

材料／2人分

えびのオイル漬け（p.56参照）（＊）…10尾
長ねぎ…10cm
しょうが…1片
豆板醤…小さじ1
A　トマトケチャップ…大さじ2
　　酒…大さじ1
　　とりガラスープ（＊＊）…1/4カップ
片栗粉…小さじ1
ごま油…小さじ1

＊「えびのオイル漬け」は、半解凍で使用する。
＊＊市販のとりガラスープの素小さじ1/3を、湯1/4カップで溶いたものでもよい。

作り方

1 長ねぎ、しょうがはみじん切りにする。
2 フライパンにごま油を入れて中火にかけ、しょうが、豆板醤を加えて炒める。香りが立ったら半解凍した「えびのオイル漬け」を入れて炒め、Aを加えてひと煮立ちさせる。
3 同量の水で溶いた片栗粉を加えてとろみをつけ、長ねぎを加えて混ぜる。

副菜

かぶのマリネサラダ

材料／2人分

かぶ…2個
かぶの葉…1個分
塩…小さじ1/2
A　白ワインビネガー（酢でも可）…小さじ2
　　オリーブオイル…小さじ2
　　こしょう…少々

作り方

1 かぶは縦半分に切り、薄切りにする。かぶの葉は小口切りにする。
2 塩を加えて軽くもみ、そのまま約5分おく。出てきた水けをぎゅっとしぼる。
3 Aを加えて、あえる。

汁もの

湯葉とみつ葉のスープ

材料／2人分

湯葉（乾燥）…6g
みつ葉…1/4束
かつお昆布だし…2カップ
A　酒…小さじ1
　　塩…小さじ1/3

作り方

1 湯葉はぬるま湯にさっとつけてもどし、水けをきる。
2 鍋にだし汁を入れて中火にかけ、1、Aを入れ、ひと煮立ちさせる。
3 器に盛り、ざく切りにしたみつ葉を散らす。

「えびのオイル漬け」を使った一品おかず

えびとじゃがいもの
アンチョビ炒め

材料／2人分

えびのオイル漬け(p.56参照)(＊)…10尾
じゃがいも…2個
玉ねぎ…1/2個
アンチョビ(フィレ)…4枚
白ワイン(酒でも可)…大さじ2
こしょう…少々
オリーブオイル…小さじ1
香菜…適量
＊「えびのオイル漬け」は、半解凍で使用する。

作り方

1 じゃがいもは1cm厚さの輪切りにし、水にさらす。玉ねぎは薄切りにする。
2 フライパンにオリーブオイル、包丁でたたいてペースト状にしたアンチョビを入れて中火にかける。香りが立ったら水けをきったじゃがいも、玉ねぎを加え、炒める。
3 じゃがいもが透き通ったら、半解凍した「えびのオイル漬け」、白ワインを加え、ふたをして弱火で約3分蒸し焼きにする。こしょうをふって器に盛り、ざく切りにした香菜を散らす。

ホクホクのじゃがいもに
えびの風味が移り、食をそそります。
おもてなし料理としてもおすすめ。

にんにくをまぶしてさっと揚げただけですが
えびのうまみが凝縮されます。
ビールやワインのおつまみにぴったり。

ガーリックシュリンプ

材料／2人分

えびのオイル漬け(p.56参照)(＊)…10尾
にんにく…2片
揚げ油…適量
レモン…1/2個
ディル…3枝
＊「えびのオイル漬け」は、半解凍で使用する。

作り方

1 「えびのオイル漬け」は半解凍し、背に切り込みを入れる。にんにくはみじん切りにし、えびにもみ込む。ディル1枝はざく切りにする。
2 揚げ油を160℃に熱し、1のえびを入れる。途中で火を強めて180℃まで上げ、全体が色づくまで揚げる。
3 2と刻んだディルをあえて器に盛り、ディルの枝とくし形切りにしたレモンを添える。

メインのおかずの冷凍ストック⑪

さけのみそ漬け

さけは、冷凍保存をしても劣化の少ない魚のひとつ。
みそとみりんを加えることでコクが増します。
年中手に入りやすい塩ざけを使っていますが、
旬の時季は生ざけで作ってもおいしいです。

▶調理時間　5分
▶保存期間　2か月
▶解凍方法　冷蔵庫解凍／流水解凍

材料／作りやすい分量

甘塩ざけ…4切れ
A｜みそ…大さじ3
　｜みりん…大さじ2

作り方

1. Aを混ぜ合わせてさけにぬり、よくもみ込む。
2. 保存袋に入れ、平らに広げて空気を抜き、冷凍庫で保存する。

使い方

きのこ類や薄切りにした長ねぎ、玉ねぎなどと一緒にホイル焼きにしたり、じゃがいもと一緒に蒸し料理にしたり。そのままシンプルにソテーしても。さけの代わりに、ぶりやいかで作ってもいいでしょう。

「さけのみそ漬け」を使った15分献立

・さけと青じそのフライ
・せん切りキャベツとわかめのサラダ
・大根のみそ汁

レシピはp.62

さわやかな風味の青じそをたっぷり巻いて揚げた
ボリュームたっぷりのフライがメイン。
その分、副菜とみそ汁はごくシンプルに。
タルタルソースはまとめて作っておいて
翌日に、別の料理にも活用してみてください。

主菜

さけと青じそのフライ

材料／2人分

さけのみそ漬け(p.60参照)…2切れ
青じそ…6枚
薄力粉…大さじ2
溶き卵…1個分
パン粉…1カップ弱
揚げ油…適量
紫玉ねぎ…1/2個
タルタルソース(＊)…適宜

作り方

1 青じそは軸を切り落とし、解凍した「さけのみそ漬け」1切れにつき3枚を巻く。
2 1に薄力粉、溶き卵、パン粉を順につける。
3 揚げ油を170℃に熱し、2を入れ、きつね色になるまで揚げる。
4 食べやすい大きさに切って器に盛り、薄切りにして水にさらした紫玉ねぎと、タルタルソースを添える。

＊タルタルソースの作り方
玉ねぎ1/4個はみじん切りにして水に約5分さらし、水けをきる。ゆで卵2個は粗く刻む。ボウルに玉ねぎ、ゆで卵、マヨネーズ大さじ3、こしょう少々を加えて混ぜる(冷蔵庫で2～3日保存可能)。

副菜

せん切りキャベツとわかめのサラダ

材料／2人分

キャベツ…2枚
きゅうり…1/3本
わかめ(塩蔵)…30g
A 酢…小さじ2
　オリーブオイル…小さじ2
　塩…小さじ1/2
　こしょう…少々
白炒りごま…適量

作り方

1 キャベツときゅうりはせん切りにして合わせる。
2 わかめは水でもどし、食べやすい長さに切る。
3 1、2を器に盛り、合わせたAをかけ、白ごまをふる。

汁もの

大根のみそ汁

材料／2人分

大根…5cm
みつ葉(葉の部分)…少々
かつお昆布だし…2カップ
みそ…大さじ1と1/2

作り方

1 大根は太めのせん切りにする。
2 鍋にだし汁、1を入れて中火にかける。アクを取りながらひと煮立ちさせ、弱火にして約5分煮る。
3 みそを溶き入れ、火を止める。器に盛り、みつ葉をのせる。

「さけのみそ漬け」を使った一品おかず

「ちゃんちゃん焼き」は北海道の漁師料理で
さけといろいろな野菜を取り合わせ、焼いたもの。
お好みの野菜をたっぷり入れて。

さけとキャベツの
ちゃんちゃん焼き

材料／2人分

さけのみそ漬け（p.60参照）…2切れ
キャベツ…4枚
玉ねぎ…1/2個
しいたけ…2枚
にんじん…1/4本
ミニトマト…8個
酒…大さじ1
サラダ油…少々

作り方

1 キャベツはざく切りに、玉ねぎ、しいたけは5mm厚さの薄切りに、にんじんはたんざく切りにする。ミニトマトは半分に切る。「さけのみそ漬け」は解凍し、3～4等分に切る。

2 フライパンにサラダ油を入れて中火にかけ、さけを入れる。焦げ目がついたら裏返して弱火にし、残りの1、酒を加えてふたをして、約5分蒸し焼きにする。

さけのみそバター焼き

材料／2人分

さけのみそ漬け（p.60参照）…2切れ
エリンギ…2本
しめじ…50g
バター…30g（約大さじ2）
酒…大さじ1
せり（葉の部分）…適量

作り方

1 エリンギは縦に5mm厚さに切る。しめじは石づきを取り、手でほぐす。

2 フライパンにバターの半量を入れて中火にかけ、バターが溶けたら、解凍した「さけのみそ漬け」と1を入れる。焦げ目がついたら裏返して弱火にし、酒をふってふたをして、約5分蒸し焼きにする。

3 器に盛り、残りのバターをのせ、食べやすい長さに切ったせりを添える。

バターで焼いて、まろやかな風味をプラス。
せりやクレソンなど、ほろ苦い野菜を
合わせるのがおすすめです。

メインのおかずの冷凍ストック ⓬

ぶりのオイスターソース漬け

時間をおくとにおいが強くなりがちな青魚・ぶりも
うまみの強いオイスターソースと
風味づけの酒をまぶして冷凍しておくと
くさみが取れ、おいしさがしっかり保たれます。

- ▶調理時間　5分
- ▶保存期間　1か月
- ▶解凍方法　冷蔵庫解凍／流水解凍

材料／作りやすい分量

ぶり…4切れ

A　オイスターソース…大さじ3
　　酒…大さじ2

作り方

1　ボウルにぶりと合わせたAを入れ、よくもみ込む。

2　保存袋に入れ、平らに広げて空気を抜き、冷凍庫で保存する。

使い方

衣をつけてフライにしたり、耐熱皿にのせハーブ入りのパン粉をのせてオーブンで焼いたり。そのまま焼いて、レモンをしぼってもおいしい。ぶり以外の魚介なら、いか、たこ、ほたてや、たらなどの白身魚で作るのもおすすめです。

「ぶりのオイスターソース漬け」を使った15分献立

- ぶりとピーマンのオイスター炒め
- カリフラワーとちくわのさっと煮
- さつまいもとねぎのみそ汁

レシピはp.66

たっぷりのせん切り野菜をぶりと一緒に炒めれば
あっという間にボリュームおかずのでき上がり。
主菜にしっかり味がついているので
副菜は汁けの多い、やさしい風味のお惣菜に。
みそ汁のさつまいもは食べごたえがあるよう、大きめにカット。

主菜

ぶりとピーマンのオイスター炒め

材料／2人分

ぶりのオイスターソース漬け(p.64参照)…2切れ
ピーマン(赤、緑)…各1個
玉ねぎ…1/2個
しょうが…1/2片
ごま油…小さじ1

作り方

1 ピーマン、しょうがはせん切りにし、玉ねぎは薄切りにする。
2 フライパンにごま油を入れて中火にかけ、しょうがを入れる。香りが立ったら、解凍した「ぶりのオイスターソース漬け」を入れ、ピーマン、玉ねぎを空いたところに入れて炒める。
3 ぶりに軽く焦げ目がついたら裏返して弱火にし、ふたをして約5分蒸し焼きにする。

副菜

カリフラワーとちくわのさっと煮

材料／2人分

カリフラワー…6房
ちくわ…2本
A かつお昆布だし…1カップ
　酒…小さじ1
しょうゆ…小さじ1/2

作り方

1 ちくわは1cm幅のななめ切りにする。
2 鍋に1、A、カリフラワーを入れ、中火にかける。煮立ったらしょうゆを加え、約5分煮る。

汁もの

さつまいもとねぎのみそ汁

材料／2人分

さつまいも…1/3本
細ねぎ…2本
かつお昆布だし…2カップ
みそ…大さじ1と1/2

作り方

1 さつまいもは1cm厚さの半月切りにする。細ねぎは小口切りにする。
2 鍋にさつまいも、だし汁を入れ、中火にかける。アクを取りながら、さつまいもがやわらかくなるまで煮る。
3 弱火にしてみそを溶き入れ、火を止める。器に盛り、細ねぎを散らす。

「ぶりのオイスターソース漬け」を使った一品おかず

片栗粉でとろみをつけると
調味料が素材としっかりからみます。
かさのある厚揚げで、満足感のある味わいに。

ぶりと厚揚げの
オイスターあんかけ

材料／2人分

ぶりのオイスターソース漬け（p.64参照）…2切れ
厚揚げ…1枚
長ねぎ…1/3本
とりガラスープ（＊）…3/4カップ
片栗粉…小さじ1
ごま油…小さじ1
＊市販のとりガラスープの素小さじ1/2を
湯3/4カップで溶いたものでもよい。

作り方

1 「ぶりのオイスターソース漬け」は解凍し、2～3等分に切る。厚揚げは縦半分に切り、横に1cm幅に切る。長ねぎはななめ薄切りにする。
2 フライパンにごま油を入れて中火にかけ、ぶりを焼く。軽く焦げ目がついたら裏返して、厚揚げと長ねぎを加え、さっと炒める。
3 とりガラスープを加えて約5分煮て、同量の水で溶いた片栗粉を加え、とろみをつける。

ぶりと長いものグリル

材料／2人分

ぶりのオイスターソース漬け（p.64参照）…2切れ
長いも…200g
かぶ…1個
ブロッコリー…4房
A | 塩…小さじ1/3
　| オリーブオイル…大さじ1

作り方

1 「ぶりのオイスターソース漬け」は解凍し、2～3等分に切る。長いもは皮をむき、1cm厚さの輪切りか、大きいものは半月切りにする。かぶは6等分のくし形に切る。
2 耐熱皿に1、ブロッコリーを並べて入れ、Aを回しかける。オーブンを180℃に熱し、2を入れて約12分焼く。

材料を切ってオーブンに入れるだけの
簡単お助けメニューです。
風味のいいオイルを使うのがポイントです。

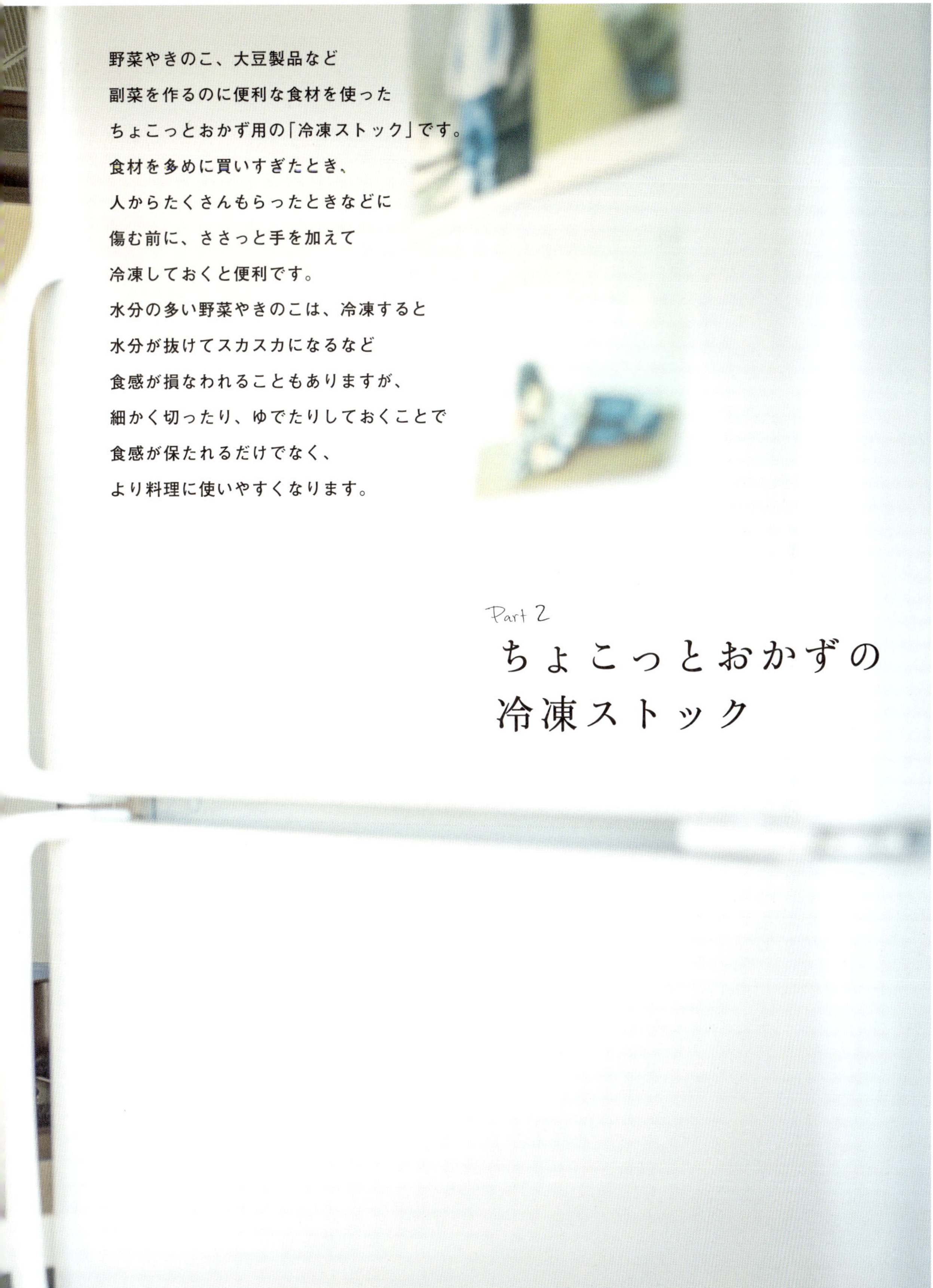

野菜やきのこ、大豆製品など
副菜を作るのに便利な食材を使った
ちょこっとおかず用の「冷凍ストック」です。
食材を多めに買いすぎたとき、
人からたくさんもらったときなどに
傷む前に、ささっと手を加えて
冷凍しておくと便利です。
水分の多い野菜やきのこは、冷凍すると
水分が抜けてスカスカになるなど
食感が損なわれることもありますが、
細かく切ったり、ゆでたりしておくことで
食感が保たれるだけでなく、
より料理に使いやすくなります。

Part 2

ちょこっとおかずの冷凍ストック

ちょこっとおかずの冷凍ストック ❶

トマトの塩マリネ

夏のトマトの出盛りに、作っておくと便利なストック。
「フレッシュなトマトソース」という感覚で
煮ものや炒めものほか、いろんな料理に応用ができます。
完熟だと水分が出すぎるので、その手前のものを使って。

▶調理時間　5分
▶保存期間　1か月
▶解凍方法　冷蔵庫解凍／流水解凍／調理解凍

材料／作りやすい分量

トマト（中）…6個
塩…小さじ1
オリーブオイル…大さじ1

作り方

1 トマトはへたを取り、1cm角に切り、ボウルに入れる。
2 塩を加えて混ぜ、オリーブオイルをまわしかける。
3 保存袋に入れ、平らに広げて空気を抜き、冷凍庫で保存する。
＊平らにして冷凍すると、使いたい量だけ手で割れる。

使い方

気軽な万能トマトソースとして使いましょう。蒸したりソテーした肉料理、魚料理にかけたり、白米と一緒に炊いてピラフにしたり。サラダやオムレツにかけるソースにも。あさりやツナと合わせてパスタにからめるのもおすすめ。スープやカレーなど汁けのある料理に入れるときは、冷凍したままでも大丈夫です。

「トマトの塩マリネ」を使った一品おかず

ケッカソース

「ケッカソース」とは、フレッシュトマトを使ったイタリア料理のソースのこと。
パンのつけ合わせや、パスタソースにどうぞ。

材料／作りやすい分量

トマトの塩マリネ(p.70参照)…1カップ
玉ねぎ…1/4個
ケイパー…大さじ1
にんにく(みじん切り)…1/2片分
オリーブオイル…大さじ1
こしょう…少々
パン…適量

作り方

1 玉ねぎはみじん切りにし、水に約5分さらす。
2 ボウルに、解凍した「トマトの塩マリネ」、水けをきった1、ケイパー、にんにくを入れて混ぜ、オリーブオイル、こしょうを加えて混ぜる。
3 器に盛り、トーストしたパンを添える。

ベーコンと玉ねぎのトマトスープ

短時間でできるシンプルトマトスープ。
ベーコンからだしが出るので
味つけは、ごくごくシンプルに。

材料／2人分

トマトの塩マリネ(p.70参照)(*)…1カップ
ベーコン…150g
玉ねぎ…1/2個
コンソメスープ(**)…2カップ
白ワイン…大さじ1
塩、オリーブオイル…各少々
*「トマトの塩マリネ」は、冷凍のまま使用する。
**市販の固形コンソメ1個を、湯2カップで溶いたもの。

作り方

1 ベーコンは細切りに、玉ねぎは薄切りにする。
2 鍋にスープを入れて中火にかける。煮立ったら、冷凍のままの「トマトの塩マリネ」、1、白ワインを加え、アクを取りながらひと煮立ちさせる。
3 弱火にして約3分煮て、塩で味を調え、オリーブオイルをまわしかける。

ちょこっとおかずの冷凍ストック❷

じゃがいもマッシュ

じゃがいもは、かたまりのまま凍らせると
「す」が入ってしまい、食感がいまひとつになりますが
粗くつぶしておくと、味わいも保たれて
いろいろな料理にも応用がしやすくなります。

▶調理時間　18分(冷ます時間をのぞく)
▶保存期間　1か月
▶解凍方法　冷蔵庫解凍／流水解凍／調理解凍

材料／作りやすい分量

じゃがいも(中)
…6個(約600g)
塩…小さじ1と1/2

作り方

1 じゃがいもは皮をむき、6等分に切る。
2 鍋に1、かぶるくらいの水、塩を入れて中火にかける。じゃがいもがやわらかくなるまで約12分ゆで、湯を捨てる。再度火にかけ、水分をとばして粉ふきにして、粗くつぶす。
3 粗熱が取れたら保存袋に入れ、平らに広げて空気を抜き、冷凍庫で保存する。
＊菜箸などで筋を入れると、使う分だけ取り出せる。

使い方

そのまま解凍してポテトサラダのように食べるより、さらに加熱する料理に応用したほうが、おいしくいただけます。ひき肉と混ぜてコロッケにしたり、片栗粉や薄力粉と混ぜて丸め、フライパンの上でおやきのように焼いたり。ベーコンと一緒に炒めて、「ジャーマンポテト」風にしていただくのもおすすめ。

「じゃがいもマッシュ」を使った一品おかず

じゃがいものチーズ焼き

時間がないときにも気軽にできる
簡単ポテトグラタン。
お好みでカレー粉をふってもおいしい。

材料／2人分

じゃがいもマッシュ(p.72参照)…300g
ピザ用チーズ…40g
生クリーム(牛乳でも可)…3/4カップ
塩、こしょう…各少々
パセリ…少々

作り方

1 「じゃがいもマッシュ」は解凍し、耐熱皿に入れる。
2 ピザ用チーズをのせ、生クリームをかけ、塩、こしょう、みじん切りにしたパセリをふる。
3 オーブントースターで軽く焦げ目がつくまで、約8分焼く。

じゃがいもとセロリのクリーミースープ

じゃがいものやさしい味わいを
たっぷり味わえるスープです。
セロリの代わりに玉ねぎを入れても。

材料／2人分

じゃがいもマッシュ(p.72参照)(＊)…300g
セロリ…1/3本
バター…15g(約大さじ1)
牛乳(豆乳でも可)…1カップ
塩、こしょう…各少々
＊「じゃがいもマッシュ」は、冷凍のまま使用する。

作り方

1 セロリは筋を取り、みじん切りにする。
2 鍋にバターを入れて中火にかける。バターが溶けたら1を入れ、透き通るまで炒める。
3 冷凍のままの「じゃがいもマッシュ」、水1/2カップを加え、約5分煮る。
4 火から下ろし、牛乳を加えてミキサーなどで撹拌し、再度弱火にかける。沸騰する直前で火を止め、塩、こしょうで味を調える。

ちょこっとおかずの冷凍ストック❸

玉ねぎのスライスマリネ

玉ねぎをひと袋買ったけれど
短期間で使い切れないときには、マリネして冷凍を。
そのまま箸休めやつけ合わせにするのはもちろん
和洋中オールマイティーにアレンジできます。

▶調理時間　5分
▶保存期間　1か月
▶解凍方法　冷蔵庫解凍／流水解凍／調理解凍

材料／作りやすい分量

玉ねぎ…4個(約800g)
塩…小さじ1
A | オリーブオイル…大さじ2
　| 酢…大さじ1

作り方

1. 玉ねぎは2mm厚さの薄切りにしてボウルに入れる。
2. 塩をふって軽くもみ、Aを加えてさっと混ぜる。
3. 保存袋に入れ、平らに広げて空気を抜き、冷凍庫で保存する。

＊平らにして冷凍すると、使いたい量だけ手で割れる。

使い方

とり肉や魚のから揚げと合わせて、南蛮漬けにしたり、薄く切った刺身にのせてカルパッチョ風に。白身魚やえび、いかと一緒に蒸し料理にしたり、サラダにのせてドレッシング代わりにも。炒めものや煮ものには冷凍のまま入れても大丈夫です。オリーブオイルの代わりに、菜種油を使ってもいいでしょう。

「玉ねぎのスライスマリネ」を使った一品おかず

塩けのある生ハムと合わせれば
余計な味つけをしなくても
あっという間に一品ができ上がり。

生ハムと玉ねぎのマリネサラダ

材料／2人分

玉ねぎのスライスマリネ（p.74参照）…1カップ
生ハム…200g
セロリ…1/4本
こしょう…少々

作り方

1 生ハムは食べやすい大きさに切る。セロリは筋を取り、ななめ薄切りにする。
2 1、解凍した「玉ねぎのスライスマリネ」をあえて器に盛り、こしょうをふる。

あさりと玉ねぎマリネのワイン蒸し

魚介類と相性のよい玉ねぎのマリネ。
あさりの代わりにえびやほたて、
ワインの代わりに紹興酒でもおいしいです。

材料／2人分

玉ねぎのスライスマリネ（p.74参照）（*）…1カップ
あさり（砂抜きしたもの）（**）…150g
にんにく…1片
白ワイン…大さじ2
オリーブオイル…大さじ1
こしょう…少々

*「玉ねぎのスライスマリネ」は、冷凍のまま使用する。
**「あさりのストック」（p.82参照）を冷凍のまま使用してもよい。

作り方

1 フライパンにつぶしたにんにく、オリーブオイルを入れて中火にかける。
2 香りが立ったら、冷凍のままの「玉ねぎのスライスマリネ」、あさりを加えてさっと炒める。白ワインを加え、ふたをして約5分、蒸し煮にする。
3 器に盛り、こしょうをふる。

ちょこっとおかずの冷凍ストック❹

たたき長いもの塩漬け

滋養強壮効果の高い素材として知られる長いもを
食べやすいようにたたいてからストック。
すりおろすと粘りが出てしまうので、たたいて
ほどよく食感を残すのがポイントです。

▶調理時間　5分
▶保存期間　1か月
▶解凍方法　冷蔵庫解凍／流水解凍／調理解凍

材料／作りやすい分量

長いも…600g
塩…小さじ1

作り方

1 長いもは皮をむき、1.5cm厚さの輪切りにし、保存袋に入れる。
2 塩を加え、めん棒などでたたき、少しつぶつぶが残る程度に粗めにつぶす。
3 2を平らに広げて空気を抜き、冷凍庫で保存する。
＊平らにして冷凍すると、使いたい量だけ手で割れる。

使い方

解凍して、そのままとろろとして使います。梅肉や焼きのりを混ぜたり、ごま酢やなめことあえたり。めんつゆと合わせて、とろろそばのつけ汁に。好みのだしを加えてのばし、とろろ汁にしてもいいでしょう。

「たたき長いもの塩漬け」を使った一品おかず

とろろに合う魚といえば、やっぱりまぐろ。
わさびやかいわれ菜を添えてどうぞ。
ぶりやいかなどの刺身にも合います。

長いもの漬けまぐろのせ

材料／2人分

たたき長いもの塩漬け(p.76参照)…1カップ
まぐろ…200g
しょうゆ…大さじ1
わさび…小さじ1
かいわれ菜…1/2パック

作り方

1 まぐろは2cm角に切り、わさびの半量を加えたしょうゆであえる。
2 器に1、解凍した「たたき長いもの塩漬け」を盛る。
3 根元を切ったかいわれ菜を添え、残りのわさびをのせる。

長いもときのこの卵スープ

とろろのやさしい味わいと、ふわふわの卵が
合わさった滋味深いスープ。
ほろ苦い菜の花で、繊細な春の味を楽しみます。

材料／2人分

たたき長いもの塩漬け(p.76参照)(*)…1カップ
しめじ…1/2パック(50g)
菜の花…4〜6本
卵…1個
かつお昆布だし…2カップ
A | 酒…大さじ1
　| しょうゆ…小さじ1と1/2
*「たたき長いもの塩漬け」は、冷凍のまま使用する。

作り方

1 しめじは石づきを取り、手でほぐす。菜の花は根元のかたい部分を切り落とす。
2 鍋にだし汁を入れて中火にかけ、煮立ったら冷凍のままの「たたき長いもの塩漬け」、しめじを加える。
3 ひと煮立ちしたらA、菜の花を加えて約3分煮て、割りほぐした卵をまわし入れ、半熟になったら火を止める。

ちょこっとおかずの冷凍ストック❺

きのこの塩漬け

きのこ類は長くゆですぎると
うまみが逃げてしまうので、加熱は手早く行います。
きのこは、1パック使い切れなかったものや
その時季に手に入りやすいものを、2～3種類合わせて作って。

▶調理時間　10分(冷ます時間をのぞく)
▶保存期間　1か月
▶解凍方法　冷蔵庫解凍／流水解凍／調理解凍

材料／作りやすい分量

しめじ
…2パック(約200g)
えのきだけ
…2パック(約160g)
しいたけ…8枚
酒…少々
塩…小さじ1

作り方

1 しめじは石づきを取り、手でほぐす。えのきだけは石づきを取り、長さを3等分に切る。しいたけは石づきを取り、3mm厚さの薄切りにする。

2 酒を加えた湯で1を約2分ゆでて、ざるに上げる。水けをよくきり、塩を加えて混ぜる。

3 粗熱が取れたら保存袋に入れ、平らに広げて空気を抜き、冷凍庫で保存する。
＊平らにして冷凍すると、使いたい量だけ手で割れる。

使い方

うどんやそばにのせたり、冷ややっこにのせたり、パスタの具にしたりと、「ちょっときのこが欲しいとき」に便利です。ゆでた青菜とあえたり、スパニッシュオムレツに入れたり、白あえの具にしたりするのもおすすめ。まいたけはゆでると色が抜けてしまいますが、味わいには問題ありません。

「きのこの塩漬け」を
使った一品おかず

きのことぎんなんのおこわ

材料／作りやすい分量

きのこの塩漬け(p.78参照)(*)…2カップ
ぎんなん(殻をむいたもの)…20個
もち米…1合
白米…1合
A｜かつお昆布だし…430mℓ
　｜酒…大さじ1
　｜塩…小さじ1
みつ葉(茎の部分)…適量
*「きのこの塩漬け」は、冷凍のまま使用する。

作り方

1 もち米は洗い、たっぷりの水に約1時間つける。白米は洗い、ざるに上げておく。
2 鍋に水けをきったもち米、白米、冷凍のままの「きのこの塩漬け」、ぎんなん、Aを入れ、ふたをして中火にかける。煮立ったら弱火にして、約18分炊き、約20分蒸らす。
3 器に盛り、細かく刻んだみつ葉を散らす。

ぎんなんの季節に作りたい秋のおこわ。
きのこが数種類混ざったものがあると
さっと気軽に作れるのがうれしい。

きのことはんぺんのゆず蒸し

材料／2人分

きのこの塩漬け(p.78参照)(*)…1と1/2カップ
はんぺん…1枚
かつお昆布だし…1/2カップ
ゆずの皮…適量
*「きのこの塩漬け」は、冷凍のまま使用する。

作り方

1 はんぺんは4等分に切る。
2 耐熱皿に1、冷凍のままの「きのこの塩漬け」、だし汁を入れ、蒸気の立った蒸し器に入れ、約5分蒸す(材料を入れた耐熱皿にラップをかけて、電子レンジで約3分30秒加熱してもよい)。せん切りにしたゆずの皮を散らす。

蒸してふくふくとしたはんぺんに
うまみの強いきのこがよく合います。
手軽なのに、ゆずの香りで本格的な一品に。

ちょこっとおかずの冷凍ストック❻

油揚げのしょうゆ煮

めん棒で表面を転がしておくと、
油揚げを袋状に開きやすくなり、いなりずしや
詰めものおかずを作るときに便利です。
半分に切っていますが、さらに細かく切ってもOK。

▶調理時間　15分（冷ます時間をのぞく）
▶保存期間　1か月
▶解凍方法　冷蔵庫解凍／流水解凍／調理解凍

材料／作りやすい分量

油揚げ…8枚

A　かつお昆布だし…2カップ
　　みりん…大さじ3
　　酒…大さじ1

しょうゆ…大さじ2

作り方

1. 油揚げは熱湯をまわしかけて油抜きをし、めん棒で表面を転がして、横半分に切る。
2. 鍋に1、Aを入れて中火にかける。煮立ったらしょうゆを加えて弱火にし、落としぶたをして汁けがなくなるまで煮る。
3. 粗熱が取れたら保存袋に入れ、平らに広げて空気を抜き、冷凍庫で保存する。

使い方

うどんやそばにのせて。袋状にして、酢めしや混ぜごはんなどを詰めていなりずしに。みじん切りにして、じゃこと合わせてごはんに混ぜたり、卵とじにしてもおいしい。たんざく切りにして、ゆでて切ったほうれんそうやチンゲンサイとあえたり、そのまま軽く焼いて、細ねぎの小口切りを散らして、お酒のアテなどにも。

「油揚げのしょうゆ煮」を使った一品おかず

油揚げと小松菜の辛子あえ

しみじみおいしい和風お惣菜。
小松菜と油揚げは定番の組み合わせですが
辛子を効かせて、味にメリハリを。

材料／2人分

油揚げのしょうゆ煮(p.80参照)…4切れ
小松菜…1/3束
A 和辛子…小さじ1
　かつお昆布だし…1/4カップ

作り方

1 「油揚げのしょうゆ煮」は解凍し、縦4等分に切る。
2 沸騰した湯に塩少々（分量外）を入れ、小松菜を約2分ゆで、冷水にとる。水けをしぼり、食べやすい長さに切る。
3 1、2を合わせたAであえる。

油揚げとキャベツのさっとあえ

食卓にあるとほっとする箸休めです。
すだちが手に入りにくいときは
米酢少々であえてもいいでしょう。

材料／2人分

油揚げのしょうゆ煮(p.80参照)…4切れ
キャベツ…4～5枚
塩…小さじ1/2
すだちのしぼり汁…1個分

作り方

1 「油揚げのしょうゆ煮」は解凍し、2mm幅に切る。
2 キャベツはせん切りにして塩をふってもみ、出てきた水けをぎゅっとしぼる。
3 1、2を、すだちのしぼり汁であえる。

ちょこっとおかずの冷凍ストック ❼

あさり、しじみのストック

海水で育つあさり、淡水で育つしじみで
砂抜きの塩分濃度を変えるようにします。
解凍すると、水分と一緒にうまみが出てしまうので
調理には必ず、冷凍のまま使うようにしましょう。

▶調理時間　5分（砂抜きの時間をのぞく）
▶保存期間　1か月
▶解凍方法　調理解凍

あさりのストック

材料／作りやすい分量

あさり…400g
塩…大さじ2

しじみのストック

材料／作りやすい分量

しじみ…400g
塩…小さじ2

作り方（あさり、しじみ共通）

1 水1ℓに塩を加えて、よく混ぜる。
2 あさり、またはしじみは殻をこすり合わせて洗い、汚れを取る。
3 バットに1、2を入れてアルミホイルをかぶせ、常温で2〜3時間おき、砂抜きをする。
4 水けをきったあさり、またはしじみを保存袋に入れ、平らに広げて空気を抜き、冷凍庫で保存する。

使い方

貝類は、冷凍前にしっかり砂抜きをするのがポイント。生のあさり、しじみを使うのと同じ感覚で使って大丈夫です。みそ汁やスープに入れたり、炊き込みごはんやパスタの具にしたり。あさりは葉野菜と一緒に、酒蒸しやワイン蒸しにしてもいいでしょう。しじみを紹興酒で蒸すのは、定番の中華料理です。

「あさり、しじみのストック」を使った一品おかず

あさりともやしのさっと蒸し

材料／2人分

あさりのストック(p.82参照)(＊)…200g
もやし…1/2袋
細ねぎ…2本
A | 酒…大さじ1
　| ナンプラー…小さじ2
B | レモン汁…1/2個分
　| ごま油…小さじ1
＊「あさりのストック」は、冷凍のまま使用する。

作り方

1 もやしはひげ根を取る。細ねぎはななめ切りにする。
2 フライパンに冷凍のままの「あさりのストック」、もやし、Aを入れてふたをして、中火にかける。
3 煮立ったら弱火にし、約5分蒸す。Bを加えて混ぜ、細ねぎとレモンの輪切り(分量外)をのせる。

あさりから出ただしを、たっぷり吸ったもやしがとてもおいしい。
ナンプラーがない場合は、しょうゆでも。

しじみとズッキーニのスープ

材料／2人分

しじみのストック(p.82参照)(＊)…200g
ズッキーニ…1/2本
しょうが…1/2片
かつお昆布だし…2カップ
A | 酒…大さじ1
　| 塩…小さじ1
＊「しじみのストック」は、冷凍のまま使用する。

作り方

1 ズッキーニは5mm厚さの輪切りにする。しょうがはせん切りにする。
2 鍋にだし汁、しょうがを入れて中火にかける。煮立ったら、冷凍のままの「しじみのストック」を加え、アクを取りながらひと煮立ちさせる。
3 ズッキーニ、Aを加え、約5分煮る。

肝臓にいいといわれている、しじみのスープ。
せん切りしょうがをたっぷり入れると
風味もよくなり、体もじんわり温まります。

解凍してそのまま食べられる常備菜

にんじんの明太子あえ

甘みのあるにんじんに、ぷちぷちとした
明太子の塩味が効いた、手軽なお惣菜です。

▶調理時間　15分（冷ます時間をのぞく）
▶保存期間　1か月
▶解凍方法　冷蔵庫解凍／流水解凍

材料／作りやすい分量

にんじん…2本
明太子…1腹
酒…大さじ1
サラダ油…少々

作り方

1. にんじんはせん切りにする。
2. フライパンにサラダ油を入れて中火にかけ、1を入れて炒める。しんなりしたら薄皮を取った明太子、酒を入れ、全体にからむまで炒める。
3. 粗熱が取れたら保存袋に入れ、平らに広げて空気を抜き、冷凍庫で保存する。

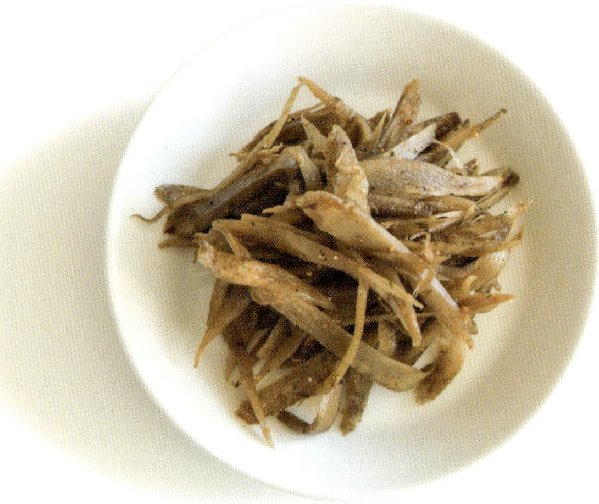

ささがきごぼうの辛み炒め

おなじみのきんぴらごぼうを
七味でピリ辛味にアレンジしました。

▶調理時間　15分（冷ます時間をのぞく）
▶保存期間　1か月
▶解凍方法　冷蔵庫解凍／流水解凍

材料／作りやすい分量

ごぼう…2本
A｜みりん…大さじ1
　｜酒…大さじ1
B｜しょうゆ…大さじ1
　｜七味唐辛子…小さじ1
ごま油…小さじ1

作り方

1. ごぼうは長めのささがきにして水にさらす。
2. フライパンにごま油を入れて中火にかけ、水けをきった1を入れる。しんなりしたらAを加え、汁けがなくなるまで炒める。
3. Bを加え、全体にからめる。粗熱が取れたら保存袋に入れ、平らに広げて空気を抜き、冷凍庫で保存する。

急ぎで晩ごはんにあと一品欲しいときや、お弁当のおかずにも便利です。
菜箸で筋を入れたり、小分けにして冷凍すると、使いたい量だけ解凍できます。

ひじきと長ねぎの梅煮

ごはんに加えて、混ぜごはんにしても。
パスタの具にもおすすめです。

- ▶**調理時間　15分**(冷ます時間をのぞく)
- ▶**保存期間　1か月**
- ▶**解凍方法　冷蔵庫解凍／流水解凍**

材料／作りやすい分量

ひじき(乾燥)…30g
長ねぎ…1本
梅干し…2個
かつお昆布だし…3/4カップ
A　みりん…大さじ1
　　しょうゆ…大さじ1

作り方

1 ひじきはたっぷりの水につけてやわらかくもどし、水けをきる。長ねぎはななめ薄切りにする。
2 鍋にだし汁を入れて中火にかけ、1を入れて、ひと煮立ちさせる。
3 梅干しをくずしながら加え、さらにAを加え、弱火にして汁けがなくなるまで煮る。
4 粗熱が取れたら保存袋に入れ、平らに広げて空気を抜き、冷凍庫で保存する。

かぼちゃのチーズマッシュ

パンに挟んでサンドイッチにしたり
ごはんにのせてオーブンで焼き、ドリア風にも。

- ▶**調理時間　15分**(冷ます時間をのぞく)
- ▶**保存期間　1か月**
- ▶**解凍方法　冷蔵庫解凍／流水解凍**

材料／作りやすい分量

かぼちゃ…1/2個
玉ねぎ…1個
A　ピザ用チーズ…80g
　　塩…小さじ1/2
　　こしょう…少々

作り方

1 かぼちゃは皮をところどころむき、2cm角に切る。玉ねぎは2mm厚さの薄切りにする。
2 鍋に1とひたひたの水を入れて中火にかけ、かぼちゃがやわらかくなるまで煮て、湯を捨てる。弱火にかけ、ゆすりながら水分をとばし、Aを加え、つぶしながら混ぜる。
3 粗熱が取れたら保存袋に入れ、平らに広げて空気を抜き、冷凍庫で保存する。

かぶの葉とじゃこの炒り煮

かぶの実を使ったら、残った葉は常備菜に。
大根の葉で作ってもおいしいです。

▶調理時間　10分（冷ます時間をのぞく）
▶保存期間　1か月
▶解凍方法　冷蔵庫解凍／流水解凍

材料／作りやすい分量

かぶの葉…3個分
ちりめんじゃこ…50g
A　みりん…大さじ1
　　酒…大さじ1
　　しょうゆ…小さじ2
白炒りごま…大さじ1
ごま油…少々

作り方

1　かぶの葉は粗めのみじん切りにする。
2　フライパンにごま油を入れて中火にかけ、ちりめんじゃこを加えて炒める。軽く色づいたら1を加え、しんなりするまで炒める。
3　Aを加え、汁けがなくなるまで炒め、白ごまをふる。
4　粗熱が取れたら保存袋に入れ、平らに広げて空気を抜き、冷凍庫で保存する。

おからの炒り煮

ミネラル豊富なおからに、だしの味わいをふくませて。
十字に筋を入れて保存すると便利です。

▶調理時間　25分（冷ます時間をのぞく）
▶保存期間　1か月
▶解凍方法　冷蔵庫解凍／流水解凍

材料／作りやすい分量

おから…200g
にんじん…1/2本
しいたけ…4枚
油揚げ…1枚
A　かつお昆布だし
　　　…2カップ
　　酒…大さじ1
　　みりん…大さじ1
B　しょうゆ…小さじ2
　　塩…小さじ1/3
ごま油…小さじ1

作り方

1　フライパンにおからを入れて中火にかけ、水分がとび、ぱらぱらになるまでから炒りする。
2　にんじんはせん切りに、しいたけは薄切りにする。油揚げは熱湯をまわしかけて油抜きをし、水けをしぼり、せん切りにする。
3　鍋にごま油を入れて中火にかけ、2を入れて炒める。しんなりしたら1、Aを加えてひと煮立ちさせ、弱火にして約8分煮る。
4　Bを加え、汁けがなくなるまで約5分煮る。
5　粗熱が取れたら保存袋に入れ、平らに広げて空気を抜き、冷凍庫で保存する。

三色ナムル

根菜やズッキーニの歯ごたえが小気味いいプチおかず。
素材を生かしたシンプルな味つけにしました。

▶調理時間　15分（冷ます時間をのぞく）
▶保存期間　1か月
▶解凍方法　冷蔵庫解凍／流水解凍

材料／作りやすい分量

にんじん…1本
ズッキーニ…1本
大根…8cm
A　酒…大さじ1
　　塩…小さじ1
ごま油…小さじ2

作り方

1 にんじん、ズッキーニ、大根はせん切りにする。
2 フライパンにごま油を入れて中火にかけ、にんじんを入れて炒める。しんなりしたら、残りの野菜を入れて炒め、Aを加え、少しシャキシャキ感が残る程度で火を止める。
3 粗熱が取れたら保存袋に入れ、平らに広げて空気を抜き、冷凍庫で保存する。

和風ラタトゥイユ

オリーブオイルやにんにくを使わない
白いごはんにも合うラタトゥイユです。

▶調理時間　30分（冷ます時間をのぞく）
▶保存期間　1か月
▶解凍方法　冷蔵庫解凍／流水解凍

材料／作りやすい分量

にんじん…1本
玉ねぎ…1個
ししとう…10本
しめじ…1パック（約100g）
なす…2本
トマト（大）…2個
にんにく…1片
酒…大さじ2
しょうゆ…小さじ2
ごま油…小さじ2

作り方

1 にんじんは乱切りにし、玉ねぎは2cm角に切る。ししとうはへたを取り、半分に切る。しめじは石づきを取り、手でほぐす。なすは乱切りにし、水にさっとさらし、水けをきる。トマトはざく切り、にんにくは薄切りにする。
2 鍋にごま油、にんにくを入れて中火にかける。香りが立ったらトマト以外の1を入れて、しんなりするまで炒める。
3 トマト、酒を加え、アクを取りながらひと煮立ちさせる。しょうゆを加え、ふたをして弱火で約20分煮る。
4 粗熱が取れたら保存袋に入れ、平らに広げて空気を抜き、冷凍庫で保存する。

冷凍ストックですぐできるお弁当

とり肉のから揚げ弁当

「とり肉のヨーグルト漬け」
(p.18)

「ささがきごぼうの辛み炒め」
(p.84)

誰もが大好きなとりのから揚げをメインに、ピリ辛の副菜を添えて

弁当箱に白いごはんを半分くらい詰め、「ふわふわから揚げ」(p.21参照) を入れる。空いた部分にグリーンリーフを敷き、「ささがきごぼうの辛み炒め」を入れ、へたを取ったミニトマトを入れる。ごはんに白ごまをふる。

とり肉のピカタ弁当

「とり肉のビネガーマリネ」
(p.12)

「トマトの塩マリネ」
(p.70)

パン弁当も、ソースをつけると本格派。野菜を添えて彩りよく

弁当箱に薄切りにしたグラハムパン、「とり肉のピカタ」(p.16参照)、小房に分けて塩ゆでしたブロッコリーを順に入れる。プラスチックの小ぶりなふたつき容器に「ケッカソース」(p.71参照) を入れ、横に添える。パンにソースをつけながらいただく。

冷凍ストックを上手に使いまわすと、日々の食事だけでなく、お弁当作りもぐんとラクに。
たとえばこんな風に、ストックおかず同士を組み合わせて作ってみてはいかがでしょう。

タンドリーチキン弁当

「とり肉のヨーグルト漬け」
(p.18)

＋

「じゃがいもマッシュ」
(p.72)

おかずや野菜を好みで挟んで、サンドイッチに

弁当箱に、半分に切って、軽くトーストしたイングリッシュマフィンを入れ、手前に「タンドリーチキン」(p.21参照)を入れる。空いた部分にベビーリーフを敷き、「じゃがいものチーズ焼き」(p.73参照)を入れ、にんじんスティックを添える。

とり肉のはちみつみそ焼き弁当

「とり肉のはちみつみそ漬け」
(p.22)

＋

「油揚げのしょうゆ煮」
(p.80)

ほっこり心が和む、どこかなつかしい味わいの和風弁当

弁当箱に白いごはんを半分くらい詰め、フライパンで焼いて食べやすい大きさに切った「とり肉のはちみつみそ漬け」をのせる。空いた部分に、「油揚げとキャベツのさっとあえ」(p.81参照)、飾り切りして甘酢に漬けたきゅうりを入れる。

豚肉とひじきの
塩こうじ炒め弁当

「豚肉の塩こうじ漬け」
(p.26)

「油揚げのしょうゆ煮」
(p.80)

うまみたっぷりの豚肉に和風惣菜を

弁当箱に白いごはんを3/5くらい詰め、空いた部分に「豚肉とひじきの塩こうじ炒め」(p.28参照)、「油揚げと小松菜のからしあえ」(p.81参照)を詰める。ごはんの上に卵焼き(*)をのせ、黒すりごまをふる。

*卵2個をボウルに割りほぐし、みりん、牛乳各小さじ1、塩少々を加えてよく混ぜる。卵焼き器にサラダ油少々を熱し、卵液の1/4量を流し入れ、奥から手前に巻いていく。これを3回繰り返し、食べやすく切る。

豚肉のしょうが焼き弁当

「豚肉のしょうがじょうゆ漬け」
(p.32)

「おからの炒り煮」
(p.86)

定番の豚肉のしょうが焼きに、
栄養満点のおからをプラス

弁当箱に白いごはんを3/5くらい詰め、空いた部分に「おからの炒り煮」とキャベツのせん切りを入れる。ごはんの上にフライパンで焼いた「豚肉のしょうがじょうゆ漬け」と、ゆでて殻をむき、半分に切ったうずらの卵をのせる。

豚肉ときのこのホイル焼き弁当

「豚肉の辛みそ漬け」
(p.36)

「にんじんの明太子あえ」
(p.84)

手軽なホイル焼きを、そのままお弁当のおかずに

弁当箱に白いごはんを3/5くらい詰め、空いた部分に「豚肉ときのこのホイル焼き」(p.39参照)をホイルかオーブンペーパーごと詰める。ごはんの上に「にんじんの明太子あえ」、市販の煮豆をのせ、みつ葉の葉を飾る。

いんげんとにんじんのひき肉巻き弁当

「みそ豚ひき肉シート」
(p.40)

「油揚げのしょうゆ煮」
(p.80)

ひき肉巻きの断面を見せて色鮮やかに

2段の弁当箱の片方に白いごはんを詰め、梅干しをのせる。もう片方に、「いんげんとにんじんのひき肉巻き」(p.44参照)、ななめに切り、青じそを巻いて楊枝で留めたちくわ、油揚げとキャベツの辛みあえ(*)を詰める。

*せん切りにした「油揚げのしょうゆ煮」とキャベツ、酢じょうゆ、七味唐辛子各適量をさっと混ぜる。

焼きとりつくね弁当

「とりつくね団子」
(p.46)

「きのこの塩漬け」
(p.78)

山椒風味のつくねにゆずの香りの副菜を

弁当箱に白いごはんを半分くらい詰め、はらんで区切る。「焼きとりつくね」(p.48参照)、はんぺんを食べやすい大きさに切った「きのことはんぺんのゆず蒸し」(p.79参照)、ほうれんそうのおかかあえ(*)を順に詰める。ごはんの上に、白炒りごまをふる。

*熱湯でさっとゆでたほうれんそうを1cm幅に切り、しょうゆとかつお節各適量を混ぜる。

えびチリソース弁当

「えびのオイル漬け」
(p.56)

「じゃがいもマッシュ」
(p.72)

赤・緑・黄色が効いた、彩りも美しいシーフード弁当

弁当箱に白いごはんを2/5くらい詰め、空いた部分に弁当用カップに入れた「じゃがいものチーズ焼き」(p.73参照)、「えびチリソース」(p.57参照)、小房に分けて塩ゆでにしたブロッコリーを順に詰める。

さけと青じそのフライ弁当

「さけのみそ漬け」
(p.60)

「かぶの葉とじゃこの炒り煮」
(p.86)

主役のさけフライに、
ゆで野菜と常備菜でカンタンお弁当

弁当箱に白いごはんを半分くらい詰め、空いた部分に「さけと青じそのフライ」(p.61参照)、ゆでて食べやすい大きさに切ったとうもろこしを詰める。ごはんの上に、「かぶの葉とじゃこの炒り煮」をのせる。

ぶりとピーマンの
オイスター炒め弁当

「ぶりのオイスターソース漬け」
(p.64)

「かぼちゃのチーズマッシュ」
(p.85)

不足しがちな緑黄色野菜をたっぷり入れて

弁当箱に白いごはんを半分くらい詰め、空いた部分に「ぶりとピーマンのオイスター炒め」(p.65参照) のぶりを食べやすい大きさに切って詰める。はらんで仕切り、「かぼちゃのチーズマッシュ」と、小松菜のナムル(＊)を詰める。

＊熱湯でさっとゆでた小松菜を3～4cm長さに切り、ごま油、しょうゆ、酢各少々であえる。

私の冷凍庫活用アイディア集

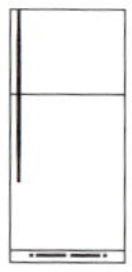

freezing idea

食材の劣化をふせぎ、おいしさを保ってくれるフリージングは、日常的に活用したいもの。
冷凍ストックを入れておく以外にも、いろいろな食材の保管にとても便利です。
たとえば私はこんな方法で、冷凍庫を日々活用しています。

数年前から愛用している「GE（ゼネラル・エレクトリック）」社の冷蔵庫。アメリカ製ならではの質実剛健なデザインがお気に入り。バットや保存ケースで整理して、冷凍品それぞれの置き場所を決め、収納する工夫を。たくさん詰めると冷凍したものを忘れてしまう場合もあるので、適度な空間を残すように心掛けています。

ポリプロピレン製のケースを仕切りに

平らにして凍らせた冷凍ストック類は、縦に並べておくと取り出しやすい。私は「無印良品」のケースを活用して、食材やストック類の収納を整理しています。

乾物の豆は保存袋に入れて冷凍

築地市場の豆屋さんに教わったのですが、乾物の状態でも、豆は冷凍庫で保管したほうがいいそうです。封ができる保存袋に入れ替え、さらにふたつき容器に入れて保存を。

もどして煮た豆類も冷凍保存を

乾物の豆は一度にひと袋をもどして煮るので、残った分は小分けにして冷凍を。あおさなどの海藻類も、常温だと色あせや香りがとぶのが早いので、冷凍して鮮度を保ちます。

毎日飲む健康食品も鮮度をキープ

有機栽培の「青汁」と、抗酸化作用の高さで知られるアサイーのピューレ。健康のために、最近毎日飲むようにしているこのふたつは、まとめてお取り寄せして冷凍庫へ。

青梅を冷凍して梅シロップに

初夏に届く青梅は、梅干しを仕込んだ残りを冷凍庫に。凍らせると果肉の組織がこわれ、梅エキスが出やすくなります。冷凍した梅で、年に2～3回梅シロップを作ります。

粉類やもち米は冷凍庫で劣化防止

もち米は普通のうるち米より劣化が早いので、密閉できる保存容器に入れて冷凍保存を。常温だと酸化しやすい小麦粉類も、すぐに使わない場合は、同じように保存します。

風味が落ちやすいバターは小分けに

10～15gずつくらいにカットしておいて、保存容器に入れて保存。使う分だけ取り出せるので便利です。パンに使う場合も、常温に数分おけば、ぬれるようになります。

だし汁や麦茶を製氷皿で凍らせて

子どもに離乳食を作っていた時期は、少量が必要だったので、だし汁を製氷皿で凍らせていました。最近は夏に麦茶の氷を作り、麦茶の水筒に入れて、持たせたりします。

ワタナベマキ

グラフィックデザイナーを経て、料理家に。2005年より「サルビア給食室」を立ち上げ、現在は雑誌や書籍、広告を中心に、旬の素材を生かした料理レシピを提案。野菜たっぷりの体にやさしいごはんや、ナチュラルでセンスあふれるライフスタイルにもファンが多い。著書に『毎日使いたい サルビア給食室の果実酒・果実酢・ジャム・シロップ』(家の光協会)、『おべんとうのおかず帖』(主婦と生活社)、『毎日、こまめに、少しずつ。』(KADOKAWA／中経出版)など多数。
http://www.watanabemaki.com/

撮影
竹内章雄

スタイリング
駒井京子

デザイン
大島達也(Dicamillo)

編集
田中のり子

校正
安久都淳子

冷凍保存ですぐできる絶品おかず

2014年 6 月 1 日　第1版発行
2015年 9 月11日　第10版発行

著　者　　ワタナベマキ
発行者　　髙杉　昇
発行所　　一般社団法人　家の光協会
〒162-8448
東京都新宿区市谷船河原町11
電話　03-3266-9029(販売)
03-3266-9028(編集)
振替　00150-1-4724
印刷・製本　図書印刷株式会社

乱丁・落丁本はお取り替えいたします。
定価はカバーに表示してあります。

ISBN978-4-259-56444-5　C0077